Dinâmica e gênese dos grupos

Dados Internacionais de Catalogação na Publicação (CIP)
(Câmara Brasileira do Livro, SP, Brasil)

Mailhiot, Gérald Bernard
  Dinâmica e gênese dos grupos : atualidade das descobertas de Kurt Lewin / Gérald Bernard Mailhiot ; tradução de Maria Ferreira. – Petrópolis, RJ : Vozes, 2013.
  Título original francês: Dynamique et genèse des groupes : actualité des découvertes de Kurt Lewin.
  Bibliografia.

  6ª reimpressão, 2023.

  ISBN 978-85-326-4559-3
  1. Dinâmica dos grupos 2. Grupos sociais 3. Lewin, Kurt, 1890-1947 4. Psicologia social I. Título.

13-03207   CDD-302.3

Índices para catálogo sistemático:
  1. Dinâmica e gênese dos grupos : Psicologia social   302.3

Gérald Bernard Mailhiot

Dinâmica e gênese dos grupos

Atualidade das descobertas de Kurt Lewin

Tradução de Maria Ferreira

Petrópolis

© Éditions de l'Épi, Paris, 1968

Tradução realizada do original em francês intitulado *Dynamique et genèse des groupes* — *Actualité des découvertes de Kurt Lewin*

> Não tendo sido possível localizar os detentores atuais dos direitos autorais desta obra, encontram-se estes salvaguardados com D.R. (Direitos Reservados).

> Esta obra teve uma edição anterior publicada em 1970 pela Livraria Duas Cidades. São Paulo.

Direitos de publicação em língua portuguesa – Brasil:
2013, Editora Vozes Ltda.
Rua Frei Luís, 100
25689-900 Petrópolis, RJ
www.vozes.com.br
Brasil

Todos os direitos reservados. Nenhuma parte desta obra poderá ser reproduzida ou transmitida por qualquer forma e/ou quaisquer meios (eletrônico ou mecânico, incluindo fotocópia e gravação) ou arquivada em qualquer sistema ou banco de dados sem permissão escrita da editora.

CONSELHO EDITORIAL

Diretor
Volney J. Berkenbrock

Editores
Aline dos Santos Carneiro
Edrian Josué Pasini
Marilac Loraine Oleniki
Welder Lancieri Marchini

Conselheiros
Elói Dionísio Piva
Francisco Morás
Gilberto Gonçalves Garcia
Ludovico Garmus
Teobaldo Heidemann

Secretário executivo
Leonardo A.R.T. dos Santos

Editoração: Maria da Conceição B. de Sousa
Diagramação: Sheilandre Desenv. Gráfico
Capa: Graph-it

ISBN 978-85-326-4559-3

Este livro foi composto e impresso pela Editora Vozes Ltda.

Na futura história da psicologia de nossa época, dois nomes, parece-me, dominarão todos os outros, Freud e Lewin. Freud será reverenciado por ter sido o primeiro a desvendar as complexidades da história dos indivíduos, e Lewin por ser o primeiro a perceber as leis dinâmicas em função das quais os indivíduos se comportam em grupo. Freud, o clínico e Lewin o experimentador, são dois homens dos quais nos lembraremos sempre, porque suas explorações divergentes, mas complementares, fizeram enfim da psicologia uma ciência aplicável, no caso de Freud, aos indivíduos, e no de Lewin, a uma sociedade real (TOLMAN, E.C. (1948). "Kurt Lewin: (1890-1947)". *Psychol. Rev.*, 55, 1-4).

Sumário

Introdução, 9

I. A obra e o homem, 11

II. Uma etapa decisiva para a psicologia social, 18

III. As minorias psicológicas, 33

IV. Da pesquisa-ação à dinâmica dos grupos, 54

V. Comunicação humana e relações interpessoais, 77

VI. A aprendizagem da autenticidade, 112

VII. Autoridade e tarefas nos pequenos grupos, 155

VIII. Do coletivo ao social, 192

Referências, 209

Índice dos autores, dos assuntos e das obras citadas, 223

Índice *geral*, 245

Introdução

O objetivo deste livro é ressaltar a excepcional contribuição de Kurt Lewin à psicologia social contemporânea. Vejamos em que ordem esta abordagem se articula e sob que ótica se realiza.

1) Este livro se compõe de oito capítulos. Os quatro primeiros tentam retraçar e reconstituir as principais descobertas de Lewin no campo da psicologia dos grupos.

Os capítulos V, VI e VII abordam três problemas definidos e explorados por Lewin, e que em seguida foram o objeto de pesquisas sistemáticas, inspiradas nestes três casos específicos pelas hipóteses de Lewin, sua metodologia e, sobretudo, sua concepção da experimentação em psicologia social.

O capítulo VIII, enfim, ilustra de uma maneira considerada conclusiva como o problema fundamental da socialização do ser humano pôde ser redefinido e repensado de forma operacional graças às descobertas de Kurt Lewin sobre a psicologia dos pequenos grupos.

2) Kurt Lewin é geral e justamente identificado à dinâmica dos grupos. Foi ele que introduziu este termo no vocabulário da psicologia contemporânea. E forneceu também à dinâmica dos grupos suas hipóteses de trabalho mais válidas,

bem como seus instrumentos de pesquisa e suas técnicas de aprendizagem mais vigorosas. O que parece ter sido esquecido ou negligenciado por certos autores recentes, é que para Kurt Lewin a dinâmica dos grupos é indissociável de sua gênese. Os momentos iniciais da formação de um grupo são determinantes para seu devir e suas posteriores superações. As leis e os modos de funcionamento de um grupo qualquer, isto é, a sua dinâmica, encontram-se inscritos nos processos e nas fases de sua gênese. Lewin esclarece assim a dinâmica das relações interpessoais e das relações intergrupais a partir das mesmas hipóteses e das mesmas concepções que ele longamente amadureceu e pacientemente elaborou relativas ao desenvolvimento da personalidade, ou ao que ele denominou a dinâmica da vida intrapessoal. A dinâmica de uma personalidade, como ele conseguiu demonstrar experimentalmente, é função de sua psicogênese. E assim ele chegará à descoberta de que o mesmo acontece com a dinâmica dos grupos.

Que estas páginas, escritas vinte anos após a morte de Kurt Lewin, não sejam demasiado indignas, nem traiam o essencial de seu pensamento. Elas destinam-se aos meios francófonos, para quem até o momento Lewin é bem pouco conhecido. Neste momento em que a dinâmica dos grupos, suas teorias e suas técnicas suscitam tantas esperanças e expectativas quase mágicas, este livro deseja ser um convite a um retorno às fontes. Assim ele não terá sido totalmente inútil se alguns leitores, ao terminá-lo, sentirem a necessidade de ler ou de reler a obra completa de Kurt Lewin. Descobrirão então a que ponto, atualmente, a pesquisa e a prática em dinâmica dos grupos inspiram-se constantemente em suas descobertas. Lewin lhes aparecerá sem dúvida alguma como o primeiro teórico da dinâmica e da gênese dos grupos.

I
A obra e o homem

Antes de começar a reconstituir por etapas a gênese das teorias de Kurt Lewin sobre a dinâmica dos grupos, parece-nos necessário retraçar, através de sua biografia, a evolução de suas preocupações e de suas orientações intelectuais.

Apresentamos primeiramente as notas biográficas que possuímos até o momento sobre Kurt Lewin. Devemos constatar ainda que sabemos muito pouco sobre este psicólogo, ao mesmo tempo reservado e discreto. Não muito mais do que o professor E.C. Tolman que, em 1948, no dia seguinte à morte de Lewin, tentou esboçar a biografia de Lewin para a *Psychological Review* (146)*. Neste artigo Tolman declarava-se consternado com os poucos dados pessoais que possuíamos sobre Lewin.

Kurt Lewin nasceu em 9 de setembro de 1890 em Mogilno, na Prússia. De sua infância e de sua adolescência, de seus pais, de sua constelação familiar, não sabemos quase nada que possa nos ajudar a decifrar ou pelo menos aproximar de seu mistério psicológico. A primeira e única coisa certa que sabemos sobre sua juventude é que fez seus estudos universitários sucessivamente nas universidades alemãs de Friburgo, Munique e Berlim. Seu interesse pela psicologia só surge gradualmente. Primeiro apaixona-se pela química e pela física, depois pela filosofia, para enfim se consagrar à preparação de

---

* Os números entre parênteses remetem às referências.

uma tese em psicologia. Ele obtém seu título de doutor em Filosofia pela Universidade de Berlim em 1914, apresentando e defendendo com sucesso uma tese sobre *A psicologia do comportamento e das emoções*. Sua tese será retomada e completada por trabalhos posteriores e publicada simultaneamente em Londres e em Berlim em 1926. O título inglês da sua primeira obra é: *Investigation into the psychology of behavior and emotion*.

Kurt Lewin deveria começar sua carreira na Universidade de Berlim no outono de 1914. Mas a guerra inicia no decorrer do verão de 1914. Ele é convocado e servirá durante toda a guerra, da qual sairá sem nenhum ferimento. No outono de 1921 torna-se professor-assistente do Instituto de Psicologia da Universidade de Berlim. Não sabemos praticamente nada do que se passou entre o outono de 1918 e o de 1921, a não ser que durante este período de pós-guerra ele publicou três artigos sobre a medida dos fenômenos psíquicos. Em 1926 ele se torna professor titular de Psicologia da Universidade de Berlim. Conservará estas funções e este estatuto acadêmico até a tomada do poder pelos nazistas em 1933.

Ao longo deste período, Lewin e seus colegas da Universidade de Berlim interessam-se por experiências em laboratório sobre os seguintes assuntos: medida da vontade, da associação, percepção do movimento e do relevo (49).

Em 1933, Kurt Lewin, por ser judeu, vê-se obrigado pelos nazistas a abandonar junto com sua família a Alemanha num prazo de 24 horas, em troca de um resgate, pois é ameaçado de ser encarcerado em um campo de concentração. Vai para a Inglaterra onde permanece por alguns meses, depois emigra para os Estados Unidos. Primeiramente é convidado a ensinar na Universidade de Stanford, na Califórnia. Ali permanecerá por um ano, e depois se tornará, por dois anos, professor de

Psicologia da Universidade de Cornell, em Nova York. Em seguida, é convidado a ocupar a cadeira de Psicologia da Criança na Universidade de Iowa e a dirigir um Centro de Pesquisas, ligado ao Departamento de Psicologia da mesma universidade, conhecido pelo nome de: Child Welfare Research Center. Ali permanecerá até 1939.

No decorrer deste período Lewin publica duas obras teóricas que rapidamente o tornarão célebre: *A dynamic theory of personality* (56) e *Principles of topological psychology* (59). Seu principal interesse, nesta época, aquele que polariza seus trabalhos de pesquisa, é desenvolver uma teoria de conjunto do comportamento individual e paralelamente elaborar modelos teóricos que lhe permitam renovar a experimentação e a exploração dos fatos psíquicos.

Em 1939, ele retorna por um ano à Universidade de Stanford e, em 1940, torna-se professor na Universidade de Harvard. Em 1945, enquanto leciona em Harvard, funda, a pedido do Massachusetts Institute of Technology (MIT), um centro de pesquisas em dinâmica dos grupos que chamará Research Center for Group Dynamics. Esta será para Lewin a ocasião de criar e introduzir no vocabulário dos psicólogos o termo "dinâmica dos grupos". No início ele tentará defini-lo por referência ao contexto acadêmico no qual é chamado a desenvolver seus novos projetos de pesquisa. No momento em que Lewin funda a dinâmica dos grupos, o MIT é o centro mais célebre nos Estados Unidos que se consagra às pesquisas em ciências nucleares. Por concessão a este meio acadêmico, composto principalmente de engenheiros, ele afirmará primeiramente que a dinâmica dos grupos deve ser concebida como uma *social engineering*. Fato que lamentará amargamente quando descobrir que alguns de seus alunos se apressaram em concluir gratuitamente que a dinâmica dos grupos consiste na ciência da manipulação dos grupos. Certamente ele não estava errado ao temer o pior, quando se pensa que depois dele existe um número assustador e sempre crescente de amadores improvisados, sem formação profissional adequada, que, em nome da dinâmica dos grupos, propõe um conjunto de receitas garantidas para manipular eficazmente, com os mais inconfessáveis objetivos, qualquer tipo de grupo! Por isso Lewin dedicou os últimos meses de sua vida a desmistificar este termo que ele criara e fora o primeiro a utilizá-lo. Acabou definindo-o em termos menos equívocos, mais operacionais e mais científicos. Teremos a ocasião de destacar em que exato sentido a dinâmica dos grupos torna-se para Lewin, nos últimos artigos por ele assinados, ao mesmo tempo a ciência e a arte do manejar os grupos (99), (105), (106). Ele morreu súbita e prematuramente em 12 de fevereiro de 1947, com a idade de 56 anos, em sua residência de Newtonville, situada nas proximidades dos dois centros acadêmicos onde trabalhava: a Universidade Harvard e o MIT

De 1939 a 1947, a orientação das pesquisas de Lewin se desloca. Ainda que continue por algum tempo interessando-se pelos problemas de psicologia individual, tais como a frustração e a regressão (63), depois pelos níveis de aspiração (74), (98), e pela aprendizagem (84), (100), sua preocupação cada vez mais dominante é então a de elaborar uma psicologia dos grupos que seja ao mesmo tempo dinâmica e gestáltica, isto é, articulada e definida por referência constante ao meio social no qual se formam, integram-se, gravitam ou se desintegram os grupos (97), (108), (110), (111).

Depois de sua morte, os professores G.W. Allport, da Universidade Harvard, e D. Cartwright, da Universidade de Michigan, em colaboração com Gertrud W. Lewin, sua filha, editam e publicam, reunidos em dois tomos e sob dois temas complementares, vários artigos de Lewin tratando de psicologia social e de dinâmica dos grupos. O primeiro destes volumes intitula-se *Resolving social conflicts* (108); o segundo: *Field theory in social science* (111).

Em 1959, a Presses Universitaires de France publica, sob o título *Psychologie dynamique*, alguns capítulos considerados como os mais fundamentais da obra de Lewin, que serão apresentados e traduzidos por Marguerite e Claude Faucheux (112).

Para completar estas notas biobibliográficas, um pouco secas, gostaria de evocar algumas lembranças pessoais, inesquecíveis para mim. Considero como uma das oportunidades inesperadas de minha vida ter tido, durante dois anos, Kurt Lewin como professor e orientador de tese de doutorado na Universidade de Harvard. Ele era ao primeiro contato um homem tímido e, por esta razão, pouco sociável e com dificuldade de estabelecer contato. Mas, para aqueles que podiam trabalhar estreitamente com ele em pesquisas, logo se tornava extremamente envolvente por sua probidade intelectual, sua ausência de pretensões, fato raro nos meios acadêmicos, e sobretudo por seus recursos inventivos sempre em ação. Sob este ponto de vista, ele era uma inspiração constante para seus colaboradores e seus assistentes de pesquisa. Sempre questionava suas hipóteses de trabalho, depois de tê-las verificado sistematicamente, para sugerir novas experimentações, com uma astúcia e uma engenhosidade notáveis. Suas pesquisas literalmente o absorviam, o que fazia dele um professor medíocre toda vez que devia abordar em classe, diante de um grupo de estudantes, problemas que não o interessavam mesmo na hora em que os expunha.

Outro traço da personalidade que contribuía para criar um clima de fervor intelectual excepcional tanto em seu laboratório de psicologia social em Harvard quanto no Centro de Pesquisas em Dinâmica dos Grupos no MIT, ele exigia que tudo fosse discutido, explorado e decidido em grupo: hipóteses, objetivos, metodologia, experimentação. Na maioria das vezes não se comportava como o chefe, adotando com todos atitudes mais democráticas e estabelecendo com seus colaboradores relações autenticamente igualitárias. Era atento às opiniões e às sugestões não importando de onde viessem, muito respeitoso com as pessoas, sempre pronto a ajudar, às vezes com certa obsequiosidade, seus alunos em suas primeiras hesitações a começar suas pesquisas.

Finalmente é preciso ressaltar, como bem típico da personalidade de Lewin e como uma chave da fecundidade de sua obra intelectual, sua ausência de dogmatismo. Ele nunca desejou fundar uma igreja, tornar-se e permanecer o seu pontífice, como alguns dos mais ilustres psicólogos de seu tempo. Por isso seus discípulos nunca pensaram em se condenar, em se catalogar como ortodoxos ou cismáticos, como fiéis ou renegados. Por esta razão, sem dúvida, os meios acadêmicos, tanto europeus como americanos, dedicados à pesquisa em psicologia social ou em dinâmica dos grupos, nunca conheceram, mesmo de maneira episódica, fases ou ciclos de Lewinolatria, equivalentes ao culto e às identificações cegas, senão mórbidas, suscitadas pelos pioneiros de gênio que, na mesma época em outros setores da psicologia, foram Freud e Moreno.

As descobertas de Kurt Lewin sobre a comunicação humana só constituíram para ele uma ciência depois de terem sido submetidas a experimentações sistemáticas e a múltiplas verificações na vida concreta dos agrupamentos humanos. Ele só extraiu as implicações e os fundamentos teóricos de suas descobertas por etapas, depois de ter consentido a incessantes confrontações com seus colaboradores. Por isso sempre evitou apresentá-los como um conjunto coerente de dados definitivos. Estes dados constituíam hipóteses de trabalho a explorar, devendo ser eventualmente aceitas ou rejeitadas, conforme se mostrassem, pela experiência, próprias ou não para aumentar nossa compreensão do funcionamento criador dos agrupamentos humanos. Para Kurt Lewin o problema fundamental que ele buscou elucidar até sua morte era: Que estruturas, que dinâmica profunda, que clima de grupo, que tipo de *leadership* permitem a um grupo humano aceder à autenticidade em suas relações tanto intragrupos quanto intergrupais, bem como à criatividade em suas atividades de grupo?

II
Uma etapa decisiva para a psicologia social

Se situarmos em 1921 o início da verdadeira carreira de pesquisador de Kurt Lewin, ele acabou consagrando quase oito dos 25 anos de sua vida universitária, de 1939 a 1946, à exploração psicológica dos fenômenos de grupo. E estes oito anos constituem um momento decisivo na evolução da psicologia social. De forma que, 20 anos após sua morte, a pesquisa em psicologia ainda se inspira em grande parte nas teorias e pelas descobertas de Kurt Lewin.

Precursores

Para mostrar a contribuição de Kurt Lewin à psicologia social, é importante lembrar rápida e de forma necessariamente esquemática, através de que etapas, tentativas e erros, desvios, e às vezes mudanças, a psicologia social foi gradualmente sendo elaborada.

Foi na França, ao que tudo indica, que pela primeira vez se tratou de psicologia social. E em termos negativos. Auguste Comte (1793-1857), querendo definir a sociologia, que desejava fundar e constituir como ciência autônoma, declara-se contrário à edificação de uma ciência que ele foi o primeiro a chamar por um nome novo à época: a psicologia social. Por razões de ordem metafísica, que não têm nenhuma referência com os dados fatuais então conhecidos, Comte postula que o social deve absorver o psíquico. Sempre pelas mesmas razões, ou as mesmas *a priori*, segundo ele existiriam apenas duas ciências legítimas: a ciência da vida, a biologia; e a ciência da sociedade, a psicologia. Concluindo então, imperturbavelmente, que seria inútil construir esta ciência intermediária que seria a psicologia social!

Émile Durkheim (1858-1917), que era um espírito muito mais rigoroso e habilidoso com as exigências do trabalho científico, acaba chegando às mesmas conclusões. Ele, que faz das representações coletivas o objeto específico da sociologia, definiu, no entanto, a psicologia social:

> A psicologia social é apenas uma palavra para designar toda espécie de generalidades, variadas e imprecisas, sem objeto definido (35).

Sua atitude não é muito mais positiva do que a de Auguste Comte. Pelo menos à primeira vista. Pois ao penetrarmos mais na obra de Durkheim, a impressão definitiva que se tem é que ele, desde o início de seus trabalhos e de suas pesquisas, preocupa-se em estabelecer a autonomia da sociologia em relação às outras ciências do homem. Por isso chegará a afirmar a hegemonia da sociologia em relação a qualquer ciência. Para Durkheim, a psicologia só pode ser individual. E aquela que se edifica diante de seus olhos, nos meios acadêmicos de sua época, é de fato apenas uma psicofisiologia. Sendo assim, ele é pouco a pouco levado a conceber o social ou as realidades sociais como uma espécie de hiperpsiquismo e a vida em sociedade como o estágio último da evolução da vida psíquica.

Gabriel Tarde (1843-1904), contemporâneo de Émile Durkheim, em reação a ele, afirma, ao contrário, que "a sociologia será uma psicologia ou nada será". Por isso sua preocupação em elaborar ao lado da psicologia individual uma ciência psicológica do social que ora chamará de "sociopsicologia" ora de "psicologia social" para adotar enfim o termo "interpsicologia" (35). Mas para Tarde, ao contrário de Durkheim, é o individual que explica em última análise o social e o coletivo: os instintos de imitação das massas encontrariam sua explicação definitiva no instinto de invenção das elites.

É nesta mesma perspectiva, segundo modalidades e em uma terminologia diferentes, que dois outros autores franceses definem a psicologia social. Primeiro Félix Le Dantec (1869-1917), que chegou tardiamente à psicologia após célebres trabalhos como biólogo sobre a assimilação funcional, publica no final de sua vida uma obra sobre a vida em sociedade intitulada *O egoísmo*, na qual tenta realizar a síntese de suas descobertas em psicologia social. Para ele, assim como para Tarde, o social se explica pelos instintos psíquicos primitivos. O que o conduzirá a concluir com pessimismo:

> O egoísmo é o fundamento da sociedade e a hipocrisia é a sua pedra angular (113).

Gustave Le Bon (1841-1931), em suas duas obras de psicologia social: *O homem e as sociedades* e a mais conhecida, *A psicologia das multidões*, também acabará assimilando todo fenômeno de grupo a um fenômeno hipnótico, as massas sendo enfeitiçadas, dominadas e manipuladas pelas elites.

Pioneiros e fundadores

São os franceses, sociólogos e filósofos sociais, os primeiros a introduzir o termo "psicologia social" nas categorias mentais dos meios acadêmicos. Também são eles a apresentar as primeiras interpretações psicológicas dos fatos sociais. Mas, por outro lado, são os anglo-saxões que elaboram de maneira sistemática e articulada os primeiros tratados de psicologia social.

Willian MacDougall (1871-1929) publicará em 1908 a primeira obra consagrada especificamente à psicologia social que terá como título *An introduction to social psychology* (113). MacDougall, psicólogo social e sociólogo inglês, foi primeiramente professor na Universidade de Oxford. Em 1920 ele aceita ser professor de Psicologia Social na Universidade Harvard. E ali publicará sua obra *The group mind* (1928) com o objetivo de explicar suas concepções da psicologia social. Para ele, "tudo o que o sociólogo observa na ordem social resulta, consequentemente, de forças mentais que compete ao psicólogo social determinar" (113). Estas forças mentais, constituídas pelos instintos sociais, explicam, de acordo com MacDougall, tanto as condutas sociais ou comportamentos em grupo quanto comportamentos coletivos. Para ele, estes instintos sociais são inatos e múltiplos e seriam em número de 18! Sob este ponto de vista, MacDougall distinguirá pouco a pouco três capítulos na psicologia: a *psicologia individual*, que tem como objetivo revelar os traços fundamentais do indivíduo humano; a *psicologia coletiva*, que trata especificamente do grupo e da mentalidade de grupo; a *psicologia social*, que estuda a influência do grupo no indivíduo.

A influência de MacDougall será muito importante nos Estados Unidos. Ela incentivará o filósofo da Educação, John Dewey, a reclamar como urgente a criação de cátedras de psicologia social nas universidades americanas em um artigo célebre, publicado no *Journal of Teachers College of Columbia University* e intitulado "Need for social psychology" (1909). A primeira universidade a responder a seu apelo será Harvard, que abre sua primeira cátedra de psicologia social em 1917 e nomeia

Henry Holt como o primeiro titular. Em 1920, Willian MacDougall o sucederá.

Esta fase inicial, que vai de 1908 e termina em 1930, ao longo da qual a psicologia social se constitui como ciência autônoma e adquire seu estatuto acadêmico, é dominada por duas influências aparentemente contraditórias. Poderíamos caracterizar esta fase como uma "fase instintiva" ou, com não menos razão, como uma "fase psicopedagógica". Assim que chega a Harvard, MacDougall assume e encarna estas duas tendências em seus escritos, em suas pesquisas e em seu ensino.

As condutas sociais e os comportamentos coletivos são interpretados primeiramente em termos de forças sociais inatas, de instintos determinantes. A influência de Tarde e de Le Bon parece ter sido dominante nesta época na maioria dos departamentos de psicologia nos Estados Unidos, que então pensavam em criar um lugar para a psicologia social.

Por outro lado, o ensino e a pesquisa em psicologia nos Estados Unidos, sobretudo a partir de 1920, inspiram-se em grande parte nas teorias behavioristas. Sob esta perspectiva, e Dewey será o primeiro a ressaltá-lo, a psicologia social deve antes se preocupar em definir qual seria o meio social ideal mais apropriado para favorecer a socialização do ser humano e sua ascensão à maturidade social. E é neste sentido que MacDougall, em sua última obra *The group mind*, consagrará várias páginas para estabelecer o objetivo primeiro da psicologia social: medir e avaliar a influência do grupo no indivíduo.

Reducionistas e anexionistas

A esta fase dita "instintiva" e "psicopedagógica" sucede, de 1930 a 1940, uma evolução da psicologia social em dois tempos, que por momentos se sobrepõem e são muitas vezes vividos, não sem conflitos, de forma simultânea, pelos meios acadêmicos desta época nos Estados Unidos. Ao que tudo indica, é apenas após 1945 que os psicólogos sociais na Europa se identificarão momentaneamente com estas duas correntes de pensamento e com algumas de suas hipóteses de trabalho que foram em parte rejeitadas e renegadas pelos americanos.

Depois de 1930, muito paradoxalmente, a psicologia social passa por aquilo que G.W. Allport chama sua crise de individualismo (113). Os trabalhos de Freud sobre a psicologia dos grupos: *Psicologia coletiva e análise do eu*, *Totem e tabu* e *Mal-estar na civilização* acabam de ser traduzidos para o inglês e tornam-se o objeto de polêmicas apaixonadas entre psicólogos sociais, psicanalistas e sociólogos.

Sob a influência das teorias de Freud, a pesquisa em psicologia social torna-se cada vez mais preocupada em formular uma psicologia exaustiva do *leadership*. No decorrer da fase anterior, era a influência do grupo sobre o indivíduo que tinha sido observada, medida e avaliada sistematicamente. A partir de 1930, é a influência do indivíduo sobre o grupo que, por experimentações em situações controladas, os psicólogos sociais desta época tentam revelar. Mas é, sobretudo, o condutor de multidões, o manipulador de homens, aquele que hoje vários teóricos chamam de "líder carismático" que a psicologia social desta época procura compreender em termos de dons inatos, de predisposições à dominação e de apetites instintuais de poder.

Por outro lado, a psicanálise, que se torna cada vez mais acreditada nos departamentos de psicologia, fornece à psicologia social outros conceitos. As descobertas clínicas de Freud e de seus discípulos parecem encontrar e confirmar as orientações psicopedagógicas da fase inicial. Pois Freud parecia então ter demonstrado, pelo menos para a satisfação de certos pesquisadores, a que ponto o ser humano é marcado por seu meio, principalmente por seu meio familiar e como os primeiros anos da vida de um indivíduo, por menos traumatizante que sejam, impõem determinismos ao desenvolvimento emotivo e social do indivíduo.

Mas esta contribuição da psicanálise à evolução da psicologia social é logo questionada e posta em dúvida pelas pesquisas e teorias da antropologia cultural, então uma ciência ainda bem jovem. Pelos estudos comparados das culturas, esta nova família de antropólogos, recrutada entre os sociólogos e os psicólogos tanto sociais quanto clínicos, consegue evidenciar o relativismo das culturas e demonstrar que aquilo que os psicanalistas tinham apresentado como dados de natureza, essenciais e fundamentais a todo ser humano, eram na maior parte do tempo apenas precipitados culturais cujo sistema de valores e as diferentes variáveis culturais, típicas desta coletividade, podem explicar neste momento preciso de seu devir. Assim encontram-se introduzidos como determinantes do processo de socialização do ser humano os fatores situacionais e institucionais que os antropólogos acabarão por chamar de determinantes socioculturais dos comportamentos em grupo e de grupo.

Isto é típico desta segunda fase: seja a psicanálise ou a antropologia cultural que influencie, segundo os meios acadêmicos, a pesquisa e o ensino universitário, é quase sempre no sentido do reducionismo ou do anexionismo. Os psicanalistas que constroem então tratados de psicologia social parecem unicamente preocupados em levar em conta dimensões ou componentes inconscientes das condutas sociais. Alguns retomam, até mesmo sem discussão, como já demonstrado, o postulado enunciado por Freud: a ontogênese é a réplica da filogênese, e consequentemente todo líder adota e repete inconscientemente as atitudes e os comportamentos do líder da primeira horda humana. Ao passo que os psicólogos sociais desta época emprestam suas hipóteses da antropologia cultural e acabam interpretando toda conduta social como a resultante de pressões ou de coerções socioculturais.

Kurt Lewin

Ainda que a psicologia social saia renovada destas duas fases, necessárias ao seu crescimento, marcadas pelo "individualismo" e o "culturalismo", ela não deixa de perseguir os mesmos objetivos últimos que tinham obsedado seus precursores. Durkheim, Tarde, Le Dantec e Le Bon também construíram metapsicologias e metassociologias cuja ambição era a de tornar inteligível de forma adequada e exaustiva toda realidade social. E este objetivo deveria ser atingido quando fossem reveladas as leis fundamentais da vida em sociedade.

MacDougall e os psicólogos sociais que lhe sucederam, de 1930 a 1940, nos Estados Unidos, não tiveram outra preocupação dominante. Eles também buscam incansavelmente descobrir as leis fundamentais que nos tornariam inteligíveis toda conduta social em qualquer contexto sociocultural. Romperam com toda abordagem especulativa e filosófica. Trabalham em laboratório, talvez de forma demasiado exclusiva; suas preocupações mentais, seus esquemas de referência, sua metodologia, suas hipóteses de trabalho são especificamente científicas. Mas seus sonhos, suas ambições, suas motivações profundas fazem deles continuadores dos primeiros teóricos da psicologia social.

Kurt Lewin que, pouco a pouco, a partir de 1936, interessa-se em realizar experiências em psicologia social, rompe desde o início não apenas com as abordagens de seus precursores, mas fixa novos objetivos à psicologia social. Suas pesquisas e seus trabalhos servirão desde o ponto de partida para clarear e elucidar a dinâmica dos fenômenos de grupo muito circunscritos, com dimensões concretas e existenciais, nos contextos de reestruturação ou de reorientação de uma ação social que se quer mais funcional, mais eficaz, mais criativa (63), (65), (69), (70), (75), (77), (79), (80), (82), (85), (86), (89), (90).

Muito cedo ele convida os psicólogos sociais a centrar seus esforços no estudo dos microgrupos, que ele chamará *face-to-face groups*. Mais tarde os primeiros psicólogos franceses iniciados na dinâmica dos grupos traduzirão assim esta expressão: os grupos frente a frente. Kurt Lewin considera que cientificamente nós não possuímos neste momento técnicas de exploração e instrumental mental para experimentar ao nível da sociedade global ou dos grandes conjuntos sociais. É procedendo por etapas, possivelmente muito longas, desmontando psicologicamente os mecanismos de integração e de crescimento dos diversos tipos de pequenos grupos, explorando todo o conjunto dos problemas colocados ao psicólogo social por seu funcionamento, entre outros o exercício da autoridade, que pouco a pouco surgirão e se revelarão algumas constantes na formação e na evolução dos grupos humanos (67), (71), (72), (76), (106).

Kurt Lewin preconiza finalmente que os psicólogos sociais repensem radicalmente a experimentação em psicologia social. Ele mesmo demonstra, com suas próprias pesquisas e ilustra com suas descobertas pessoais, que a exploração válida e fecunda dos fenômenos de grupo deve acontecer no próprio campo psicológico em que se inserem e não ser reconstituídos, em escala reduzida, em laboratório. As variáveis de qualquer fenômeno de grupo, em razão de sua essencial complexidade, não podem ser identificadas e manipuladas a não ser no próprio campo, em uma perspectiva de "pesquisa-ação" (66), (67), (91), (94), (96), (102), (103), (104).

Ele, quando aceita fundar o Centro de Pesquisa em Dinâmica dos Grupos no MIT, está mais preocupado em estabelecer um meio universitário em que os psicólogos sociais que aderem à sua concepção da experimentação em psicologia social possam trabalhar com ele, confrontar suas hipóteses, formular teorias, empreender e continuar suas pesquisas em um clima intelectual em que os valores de solidariedade, de autenticidade, de criatividade, de probidade dominem e inspirem constantemente suas comunicações e suas interações (99).

Contemporâneos

Kurt Lewin, por sua modéstia intelectual e seu bom-senso, conduziu a psicologia social a um maior realismo. Ela renunciou, graças a ele, à utopia de querer edificar um saber coerente, exaustivo e definitivo do social. O estudo dos pequenos grupos constituía para ele uma opção estratégica que eventualmente permitiria, em um futuro ainda imprevisível, iluminar e tornar inteligível a psicologia dos macrofenômenos de grupo. É neste sentido que Kurt Lewin, pelo impulso e orientação novos que deu à psicologia social, fez com que ela superasse a etapa mais decisiva de sua curta história.

O balanço mais evidente, a resultante mais positiva dos oito anos que Kurt Lewin consagrou à psicologia social, foi que desde 1940 nunca o interesse dos pesquisadores foi tão diversificado, a experimentação mais inventiva e mais avançada, as descobertas mais numerosas. Kurt Lewin, ao abrir novos caminhos e novas fronteiras à psicologia social, libertou-a de seu dogmatismo e de seus *a priori*, e, ao fazê-lo, transformou-a em uma ciência experimental autônoma. Desde 1940, ao longo deste processo de maturação, a psicologia social conseguiu conquistar pouco a pouco sua identidade, definir-se como ciência especificamente distinta tanto das outras ciências sociais quanto das outras ciências psicológicas. E, quando consultamos os teóricos e os práticos de maior prestígio entre os psicólogos sociais contemporâneos, é uma surpresa constatar que é quase total o acordo existente entre eles sobre sua concepção da psicologia social. Sobre que pontos precisos o acordo foi mais ou menos estabelecido em psicologia social? Gostaríamos de demonstrá-lo finalizando este capítulo e assim ressaltar tudo o que a psicologia social de 1968 deve a Kurt Lewin.

1) No estado atual das ciências sociais, deve-se notar que existe uma repartição dos objetos próprios a cada uma, o que representa um nítido progresso em relação ao que existia na época de Lewin, quando cada uma das ciências sociais pretendia fornecer uma interpretação exaustiva e exclusiva das realidades sociais. A partir dele, e em parte graças a ele, pouco a pouco ocorreu uma diversificação das ciências sociais. Atualmente está claro que é preciso reconhecer três ciências sociais fundamentais: a sociologia, a antropologia cultural e a psicologia social. E isto a partir da constatação, quase universalmente reconhecida, que o social se revela, à observação científica, como um fenômeno multidimensional que só pode ser atingido e explorado por abordagens sucessivas e com-

plementares: a sociologia está habilitada e equipada experimentalmente para extrair das realidades sociais seus aspectos formais ou suas estruturas; por seu lado, a antropologia cultural preocupa-se em perceber o social nas suas dimensões históricas ou seus antecedentes, e a psicologia social, enfim, em suas dimensões funcionais ou dinâmicas. Além do mais deve-se considerar estas três abordagens como interdependentes e complementares: a forma, a gênese e a dinâmica das realidades sociais podem ser provisoriamente distinguidas para fins de análise ou de experimentação, mas constituem os elementos indissociáveis de toda realidade social.

2) Com vocabulários e uma terminologia que podem variar de acordo com cada autor, atualmente parece estabelecido, no entanto, ser necessário distinguir entre duas abordagens científicas em psicologia social. A primeira, que muitos autores consideram como sendo especificamente da competência da *psicologia social*, compreendida em seu sentido mais estrito, consiste em observar, identificar, definir e interpretar as *condutas sociais* ou os comportamentos *em* grupo. Assim as condutas sociais tornam-se distintas das condutas pessoais e dos comportamentos *de* grupo. Além do mais, as condutas sociais possuem uma característica própria, e sobre este ponto o acordo é quase unânime entre os psicólogos sociais contemporâneos: elas são constituídas pelo tipo de comportamento que o ser humano adota ou não, segundo seu grau de socialização, simplesmente porque vive em sociedade. A presença do grupo não é requisito para que estes comportamentos surjam. Mas é por referência ao seu pertencimento a um grupo que eles são adotados ou não. Pertencem a esta categoria de comportamentos o conjunto dos comportamentos por meio

dos quais o ser humano exprime ou não sua adesão às normas, aos valores, às convenções e às coerções sociais. Em suma, as condutas sociais e os comportamentos em grupo são cada vez mais considerados como o campo ou o objeto específico da psicologia social propriamente dita (35), (40), (113).

A uma segunda abordagem científica, distinta e irredutível à primeira, pertenceria a tarefa de nos fornecer a compreensão científica dos *comportamentos de grupo*. Mas o que se deve entender por comportamentos de grupo? Graças a Lewin e a partir dele, puderam ser levantados vários critérios ou indícios que nos permitem identificá-los. Para que haja comportamento de grupo é preciso que vários indivíduos sintam as mesmas emoções de grupo, que estas emoções de grupo sejam suficientemente intensas para integrá-los e fazer deles um grupo, que, finalmente, o grau de coesão alcançado por estes indivíduos seja tal que se tornem capazes de adotar o mesmo tipo de comportamento. Estes comportamentos de grupo podem variar, em termos de duração, conforme sejam desencadeados por um agente externo, por um agente provocador ou por um líder. A este tipo de comportamento pertencem entre outros os fenômenos de pânico, de rebelião, de multidão ou de populacho. Também sob este aspecto o acordo parece atualmente quase consolidado para considerar o estudo e a interpretação dos comportamentos de grupo como pertencentes a uma ciência, distinta da psicologia social, ainda que aparentada a ela, que a maioria dos autores contemporâneos chama de *psicologia coletiva* (16), (35), (147).

A partir do momento que estas concepções novas da psicologia social e da psicologia coletiva prevaleceram nos meios acadêmicos, o termo dinâmica dos grupos adquiriu um sentido que Kurt Lewin não lhe tinha atribuído, mas que certamente poderia ter aceitado. Ainda mais que ele foi preconizado por alguns de seus discípulos, os mais fiéis ao seu pensamento.

A *dinâmica dos grupos*, atualmente, para a grande maioria dos teóricos contemporâneos, tornou-se a psicologia dos microgrupos. Ao passo que a psicologia coletiva, desde alguns anos, vê-se confinada ao estudo e à interpretação dos macrogrupos. Nos meios universitários, a dinâmica dos grupos vê-se, portanto, cada vez mais percebida e concebida como a ciência dos pequenos grupos. Seu objetivo tornou-se o de oferecer uma compreensão científica de tudo o que a formação, o crescimento ou a desintegração destes microfenômenos trazem como problemas ao psicólogo social (25), (36), (120), (140).

3) Uma última distinção proposta por Kurt Lewin, e que atualmente tem a adesão da maioria dos psicólogos sociais contemporâneos, é a distinção entre "sociogrupo" e "psicogrupo". Para Lewin, tratava-se de dois tipos distintos de microgrupos. O *sociogrupo*, para ele, era o grupo de tarefa, isto é, o grupo estruturado e orientado em função da execução ou da realização de uma tarefa. O *psicogrupo* era, ao contrário, definido como um grupo de formação, no sentido amplo da palavra, isto é, um grupo estruturado, orientado e polarizado em função dos próprios membros que o constituem. Alguns autores recentes chegaram a sugerir chamar o psicogrupo de o "grupo centrado no grupo" (92), (99), (105) (126).

A dinâmica dos grupos atualmente desenvolve pesquisas, experiências e estudos tanto na psicologia dos grupos de tarefa quanto na psicologia dos grupos de formação. Foi desta forma que ela se interessou sucessivamente pela autenticidade das relações interpessoais tanto nos meios organizados (4), (40) quanto nos grupos espontâneos (115), bem como pelo exercício da autoridade tanto nos grupo de trabalho (125) quanto nos contextos pedagógicos (126).

Desta retrospectiva, muito esquemática com certeza, da evolução da psicologia social, nós podemos concluir que Kurt Lewin, por seu talento da experimentação e pelo realismo de suas abordagens científicas, permitiu a esta ciência conquistar sua identidade e sua autonomia, acedendo assim a uma relativa e precoce maturidade.

III
As minorias psicológicas

Uma vez que situamos Kurt Lewin na evolução da psicologia social, a compreensão da importância respectiva de seus diversos trabalhos e de suas descobertas torna-se mais fácil para nós. Respeitaremos, na exposição de suas hipóteses e de suas teorias, a ordem cronológica de sua elaboração e de sua formulação. Veremos então pouco a pouco se definir sua concepção pessoal da gênese e da dinâmica dos grupos.

O primeiro problema social ao qual ele consagra sua atenção, depois de emigrar para os Estados Unidos, é a psicologia de seu próprio grupo étnico. As discriminações, as injustiças, as humilhações, o ostracismo por parte dos nazistas, aos quais ele e os seus foram submetidos nos últimos meses em que viveram na Alemanha, traumatizaram-no sob muitos aspectos. É algo que lhe é incompreensível. Por isso procura compreender e obter uma interpretação científica para o que viveu: seres humanos simplesmente por pertencerem a um determinado grupo étnico vivem em uma contínua insegurança e estão à mercê das variações do clima político das comunidades humanas no interior das quais procuram se integrar.

Depois de tentar elucidar a psicologia das minorias judaicas, Kurt Lewin dedica-se a elaborar uma psicologia de qualquer grupo minoritário. Por meio do que descobre como fundamental à psicologia das minorias, ele acaba repensando e redefinindo o que se tornará o objeto quase exclusivo de sua reflexão e de suas pesquisas: Que problemas devem ser o foco do esforço de exploração e de experimentação da psicologia social? A dinâmica dos grupos, assim como finalmente a conceberá, será o resultado desta série cada vez mais convergente de questionamentos e de proposições sistemáticas.

Demografia e psicologia

Desde o início de seus trabalhos sobre a psicologia das minorias, Kurt Lewin preocupa-se em clarear e dissipar o que o termo minoria comporta de ambiguidades e de equívocos no plano da semântica.

A *demografia* utiliza os termos minoria e maioria em sentidos diferentes da psicologia. Em demografia um grupo constitui uma maioria assim que a porcentagem de seus membros ultrapasse de um membro a metade da população em que se insere. Por outro lado, todo grupo constituído de menos de 50% da população dada é considerado como uma minoria.

Em *psicologia* minoria e maioria adquirem sentidos mais diversificados. Todavia, um grupo é considerado fundamentalmente como *maioria psicológica* quando dispõe de estruturas, de um *status* e dos direitos que lhe permitem se autodeterminar no plano de seu destino coletivo, e isto independentemente do número ou da porcentagem de seus membros. Assim, minorias demográficas podem constituir maiorias psicológicas. É considerado como maior pelo psicólogo social todo grupo humano que se percebe em possessão de plenos direitos que dele fazem um grupo autônomo. Por outro lado, um grupo deve ser classificado como uma *minoria psicológica* a partir do momento em que seu destino coletivo depende da boa vontade ou está à mercê de outro grupo. Tal grupo, mais ou menos conscientemente, percebe-se como menor, isto é, não possuindo direitos completos ou um *status* integral que lhe permitam optar ou orientar-se nos sentidos mais favoráveis para seu devir. Quando o assunto é o destino de seu grupo, os membros que pertencem a uma minoria psicológica sentem-se, percebem-se e se reconhecem em estado de tutela. E isto independentemente da porcentagem de seus membros em relação à população total onde vivem. Assim maiorias demográficas podem ter por estas razões uma psicologia de minoritários.

Mas não são estas as únicas distinções da psicologia social. Como inúmeros sociólogos e psicólogos sociais antes e depois dele, Kurt Lewin também utiliza os termos: minoria discriminada e minoria privilegiada. E vejamos em que sentido: toda minoria psicológica, assim como definida mais acima, sempre é considerada como uma minoria discriminada ou suscetível de sê-lo, já que sua sorte e seu destino estão à mercê do grupo majoritário. Por outro lado, toda maioria psicológica tende a se tornar, mais ou menos rapidamente, um grupo privilegiado. No mais das vezes as maiorias psicológicas, com o tempo, se estratificam. No interior destes grupos, é possível que uma minoria de membros se constitua em oligarquia e se atribua ou se reserve privilégios exclusivos. Em resumo, a minoria privilegiada é, portanto, uma minoria demográfica no seio de uma maioria psicológica que ela controla e manipula em seu proveito.

As minorias judaicas

Kurt Lewin publica quatro estudos sobre a psicologia dos judeus. O primeiro surge em 1935 e tem como título *Psychosociological problem of a minority group* (58). O segundo é publicado em 1939 e se intitula: *When facing danger* (68). O terceiro e o quarto aparecem sucessivamente em 1940 e 1941 com os seguintes títulos: *Bringing up the jewish child* e *Self-hatred among Jews* (73), (78).

Estes quatro estudos são de caráter fenotípico ou sintomático. Kurt Lewin dedica-se neste estágio a nos apresentar uma caracterologia étnica e a realizar um psicodiagnóstico de seu povo. Paralelo à abordagem de sua reflexão, ele se permite generalizar e revelar constantes que mais tarde serão retomadas na elaboração de sua psicologia das minorias.

Reteremos aqui apenas a análise apresentada nos três últimos estudos mencionados mais acima, o primeiro deles constituindo apenas um esboço das teorias que os outros três retomarão de forma mais explícita e mais articulada.

1) O estudo intitulado *When facing danger* trata do devir ou das possibilidades de sobrevivência das minorias judaicas no Ocidente.

Lewin inicia com considerações sobre a perseguição em massa dos judeus nos países então sob dominação nazista. Como de fato, pergunta-se Lewin, uma minoria pode sobreviver em um contexto de perseguição como este? Estudos sociológicos demonstraram que em todas as guerras europeias dos últimos séculos os judeus tiveram de lutar e morrer por seu país de adoção, fossem alemães, franceses, espanhóis ou ingleses. Eles não foram poupados na hora dos combates. E mais, em certos países, muitas vezes foram selecionados para sofrer toda sorte de maus-tratos tanto de seus amigos quanto de seus inimigos. Na maioria das vezes, acrescenta Lewin, eles estavam dispostos a lutar até o último judeu. E há um século este é especialmente o caso dos judeus alemães que em inúmeras oportunidades tiveram a ocasião de morrer por sua pátria. A partir da tomada do poder pelos nazistas, os jornais editados pelo regime sugeriram diversas vezes a formação de batalhões judeus que seriam mobilizados para serem enviados aos pontos mais inseguros do *front*. Foi de fato o que aconteceu na Itália, na Hungria, na Polônia e em todos os países conquistados pelos nazistas e aterrorizados pela Gestapo.

Outro traço comum às doutrinas nazista e fascista é o de tentarem justificar a reconstituição dos guetos para os judeus. E Lewin observa que estes só foram realmente reconhecidos como seres humanos na Europa Ocidental a partir do momento em que as ideias das revoluções francesa e americana fizeram deles seres humanos iguais em direitos e em privilégios. Ele conclui que os direitos judaicos são inseparáveis de uma filosofia da igualdade dos homens. Os regimes políticos que perseguiram os judeus nestes últimos tempos sempre tentaram fazer prevalecer a teoria da inferioridade de algumas raças e a superioridade da sua própria.

Lewin está consciente de não inovar quando por sua conta retoma e considera como válidas estas considerações emprestadas dos sociólogos contemporâneos (68). Mas ele se torna pessoal em suas reflexões quando se pergunta em que medida o problema judaico é um problema individual ou um problema social. Para decidir basta se lembrar de como, no momento da anexação da Áustria, os judeus foram abatidos a golpes de metralhadora simplesmente por serem judeus, sem relação com sua conduta passada ou seu *status* social. Para Lewin então o problema judaico é um problema essencialmente social, um caso típico de minoria não privilegiada ou discriminada. O que caracteriza as classes ou os grupos não privilegiados é que em todos os casos o que eles têm em comum é o fato de existirem porque são tolerados. Sua sobrevivência coletiva depende da boa vontade das classes privilegiadas. Para ilustrar seu pensamento, Lewin evoca o passado do grupo judaico. Segundo ele, a emancipação dos judeus dos guetos não foi realizada pelos judeus, mas como consequência da mudança dos sentimentos e das necessidades da maioria. Ainda hoje é possível demonstrar que as pressões e as discriminações contra os judeus aumentam ou diminuem conforme aumentam ou diminuem as dificuldades econômicas da maioria. Ele acrescenta ironicamente: esta é uma das razões pelas quais os judeus, em toda parte, por necessidade têm interesse em contribuir para o bem-estar econômico das maiorias no seio das quais eles vivem!

O problema judaico é um problema social. Mais explicitamente: o antissemitismo tem como fundamento, toda vez que se manifesta, a necessidade para a maioria de um bode expiatório. É preciso ainda deixar claro, segundo Lewin, que, quando se trata de maioria, seria preciso falar mais exatamente de uma minoria privilegiada que consegue mobilizar e manipular para seus fins uma massa ou uma multidão cuja agressão em relação a uma minoria rejeitada ela canaliza. Por isso Lewin pretende que muitos judeus se iludem quando creem que se todos os judeus se conduzissem decentemente não haveria antissemitismo. Na maioria das vezes é o contrário que é verdade. É a capacidade de trabalho dos judeus, seu sucesso profissional como médicos ou advogados, seus talentos para o comércio que, geralmente, desencadeiam periodicamente ondas de antissemitismo. E, na medida em que se destacam, os judeus correm o risco de serem perseguidos. Como prova definitiva de que não há relação entre a incidência do antissemitismo e a conduta delinquente de certos judeus, Lewin gosta de ressaltar que as razões invocadas pelas minorias privilegiadas para justificar junto às massas seu antissemitismo mudaram ao longo dos séculos. Há 400 anos os judeus eram perseguidos por motivos religiosos. Hoje as racionalizações promulgadas como bem-fundamentadas teorias racistas, às quais adere oficialmente o partido nazista, são tiradas de argumentos pretensamente emprestados da antropologia e da biologia.

2) O segundo estudo: *Bringing up the jewish child*, trata da educação que o jovem judeu deveria receber para evoluir normalmente.

Kurt Lewin compara a educação do jovem judeu à educação de uma criança adotada. E eis as razões que o conduzem a esta conclusão. Ele pela primeira vez nos revela suas concepções, ainda embrionárias, sobre a psicologia dos grupos. O grupo ao qual um indivíduo pertence pode ser comparado ao terreno sobre o qual ele pode se manter e que lhe dá ou retira, de acordo com o caso, seu *status* social. Na medida em que o grupo lhe dá um *status* social, o indivíduo sente-se em segurança; por outro lado, se o grupo não lhe concede nenhum *status* social, ele é fonte de insegurança para o indivíduo. Ora, esta segurança ou insegurança depende da solidez ou da fragilidade do terreno sobre o qual o indivíduo se mantém, pois ele pode ou não se identificar com seu grupo.

Isto é verdade sobretudo no meio familiar, segundo Lewin. De fato lhe parece amplamente provado pelas recentes descobertas da psicologia da criança (as suas próprias o ajudaram muito a este respeito) que a estabilidade ou a instabilidade do meio familiar determina a estabilidade ou a instabilidade emotiva da criança que cresce. A razão fundamental, segundo ele, que é de fato o primeiro a afirmá-la, é que o meio familiar no qual a criança cresce e evolui forma um único campo de forças, *one dynamic field*. Uma expressão que é só dele. De fato, deve-se constatar que o meio familiar, ou qualquer grupo ao qual um indivíduo pertença, não é para ele apenas uma fonte de proteção e de segurança. Todo grupo, inclusive o grupo familiar, desenvolve suas leis, seus tabus, seus interditos coletivos. E segundo os tabus, os interditos, os mitos que prevalecem em um grupo, a criança ou o indivíduo que pertencem a este grupo dispõe de um espaço de movimento livre mais ou menos extenso. Como conclusão, conforme o espaço de movimento livre é amplo ou restrito, o indivíduo tem uma maior ou menor facilidade de se adaptar à vida social, ou no caso da criança de se socializar. Para Lewin o problema fundamental em todo grupo humano é o seguinte: em que medida um indivíduo, ao pertencer a seu grupo, pode satisfazer suas próprias necessidades ou aspirações psíquicas sem comprometer indevidamente a vida e os objetivos do grupo?

Lewin conclui este estudo com considerações de ordem pedagógica deduzidas daquilo que lhe parece ser fundamental na socialização do ser humano: não é pertencer a vários grupos que é a fonte de conflito, mas é a incerteza sobre seu próprio pertencimento a um grupo determinado. De onde os quatro princípios pedagógicos nos quais a educação do jovem minoritário deve se inspirar.

Ele sugere primeiramente, com muita insistência, que, assim como é benéfico para a criança adotada conhecer logo sua condição, a criança que pertence a um grupo minoritário deveria saber logo, assim que lhe for possível assimilá-lo emotivamente, que seu grupo é objeto de humilhações, de discriminações, em uma situação não privilegiada. Quanto mais os pais e os educadores demoram a revelá-lo, mais eles arriscam comprometer sua adaptação social. E este conselho é ainda mais válido quando o meio educacional no qual a criança cresce não é hipócrita e se mostra tolerante para com as crianças judias.

Além do mais, a educação do jovem judeu, como de todo minoritária, deve tender a sensibilizá-lo muito cedo ao fato de que a questão judaica é sobretudo uma questão social. Os pais judeus devem deixar de pressionar seu filho para que sua conduta seja exemplar na presença dos não judeus. Devem também se abster de obrigar a criança a ambicionar os postos mais altos nas diferentes esferas em que deseje se orientar. Em resumo, o importante é que libertem a criança judia do mito de que será mais bem-aceita pelos não judeus se triunfar. Assim ela estará imunizada, quando as expressões antissemitas a atingirem, contra o jogo dos mecanismos de autoacusação que de outra maneira ela poderia adotar em resposta à discriminação.

Outra verdade prática que os pais e os educadores encarregados de socializar o jovem judeu devem lhe transmitir é que o que une os judeus entre si não são as semelhanças ou as dessemelhanças existentes entre judeus e não judeus. O que constitui essencialmente um grupo e o transforma em um todo dinâmico é a interdependência do destino de seus membros.

Finalmente é fundamental ensinar bem cedo ao jovem judeu que para ele o verdadeiro perigo é o de não pertencer a um lugar, de ser durante toda sua vida um ser marginal na sociedade em que tenta se integrar e assim permanecer ao longo de sua existência um eterno adolescente incapaz, como eles, de se identificar nem ao grupo ao qual pertence nem aos grupos aos quais aspira pertencer.

3) O terceiro estudo é incontestavelmente o mais importante dos três. Tem como título *Self-hatred among Jews* e trata dos mecanismos de autodepreciação que em tantas ocasiões Kurt Lewin havia observado em seu próprio grupo.

No começo deste estudo ele se refere a dois livros, que datam da mesma época (1930). O primeiro é do Professor Lessing que tenta, do ponto de vista da psicopatologia, descrever o que ele chama *O ódio de si entre os judeus*. O segundo é um romance americano do autor Ludwig Levisohn intitulado: *Island within*. Este romance retrata o cenário cosmopolita da cidade de Nova York no interior da qual os judeus constituem uma espécie de ilhota cultural, isolada e cercada de zona de silêncio, no seio da coletividade americana em perpétua interação.

Para Kurt Lewin, o fenômeno do ódio de si entre os judeus, segundo os aspectos sob os quais é estudado, pode ser descrito ao mesmo tempo como um fenômeno individual, como um fenômeno de grupo e principalmente como um fenômeno social.

Primeiramente como *fenômeno de grupo* o ódio de si afeta as relações intragrupos no interior da grande família judaica, ou melhor, as relações entre os diversos grupos ou subgrupos judeus que existem através do mundo. E aqui Lewin evoca lembranças pessoais, aquelas que datam da época em que vivia na Alemanha, onde por diversas vezes fora testemunha de expressões de intensos ressentimentos por parte dos judeus alemães em relação aos judeus dos países eslavos. Os judeus alemães acusavam os judeus eslavos de serem responsáveis pela perseguição nazista de que eram vítimas. Ele acrescenta que desde que reside nos Estados Unidos observou a mesma coisa: todos os judeus imigrantes atacavam os judeus alemães e os consideravam responsáveis por todas as infelicidades que afligem os judeus no mundo desde 1933.

O ódio de si, segundo Lewin, também pode, em alguns casos, apresentar-se como um *fenômeno individual*. E então há uma variedade quase infinita, de formas que o ódio de si pode tomar entre os judeus considerados como indivíduos. Dessa forma alguns judeus atacam o grupo judeu como tal ou se identificam negativamente com uma fração particular de judeus, ou denigrem sistematicamente sua própria família. Outros atacam a si mesmos, recusam-se a se aceitar como judeus e cedem periodicamente a mecanismos de autoacusação e de autopunição. Em contrapartida, alguns judeus dirigirão seu ódio de si exclusivamente contra as instituições, os costumes, a língua judaica ou ainda contra o sistema de valores, próprio à raça ou à cultura judaica. Lewin observa que com frequência este tipo de ódio de si não se manifesta abertamente, mas está camuflado por racionalizações de toda espécie.

O ódio de si é, sobretudo, um *fenômeno social*, segundo Lewin. E neste nível sua análise e sua interpretação tornam-se muito penetrantes. Segundo ele, Lessing e Levisohn, ao se inspirarem em Freud, quiseram explicar o ódio de si pelos instintos primários que seriam inerentes à natureza humana. E invocam como apoio a tese elaborada por Freud para explicar as neuroses de fracasso postulando a existência em cada ser humano de um instinto de morte que teria primazia sobre o instinto de vida. O que, sempre segundo Freud, explicaria esta tendência, que surge com a idade em todo ser humano, a uma degenerescência progressiva que termina pelo retorno ao inorgânico. Kurt Lewin recusa-se a querer explicar desta maneira o ódio de si entre os judeus. Se assim fosse, ele argumenta, estaríamos em presença de um dado da natureza e deveríamos então nos surpreender por não encontrar no mesmo grau o ódio de si entre ingleses, italianos, alemães e franceses em relação aos seus próprios compatriotas? Além do mais, se o ódio de si sentido pelos judeus dependesse de algum instinto de base, é a personalidade de cada indivíduo que nos revelaria sua intensidade. E Lewin acaba concluindo que, ao contrário, parece que este ódio de si, não obstante os diversos graus segundo os quais ele se manifesta, depende muito mais das atitudes que cada indivíduo adotou em relação ao problema judaico do que das estruturas mentais ou emotivas de sua personalidade.

Aliás, observa Lewin, o ódio de si manifestado pelos judeus é um fenômeno observado em todas as minorias discriminadas. Nos Estados Unidos, por exemplo, os negros são muito sensibilizados pelos diferentes tons da epiderme humana. Aqueles cuja epiderme é de cor "chocolate ao leite" ou "café com leite" sentem desprezo por aqueles que são "café-escuro". Quanto mais um negro possui uma epiderme cuja cor se assemelha ou se aproxima do branco, mais ele tende a ter em relação aos outros negros um olhar de superioridade e em consequência a se identificar negativamente com seu próprio grupo étnico. O mesmo fenômeno foi observado e bastante descrito pelos sociólogos americanos (2), (141) a respeito dos conflitos existentes entre a primeira e a segunda geração de imigrantes nos Estados Unidos. A segunda geração despreza seus pais que não lhes parecem suficientemente americanizados e ainda demasiado presos à sua cultura de origem para se identificar incondicionalmente com seu país de adoção.

Vejamos agora, segundo Lewin, como o ódio de si aparece tipicamente entre muitos judeus. Um indivíduo judeu sente ambições, constrói e organiza projetos, para logo descobrir que seu pertencimento ao grupo judeu sempre constituirá uma barreira intransponível para a realização de seus projetos. Por isso ele acaba percebendo e considerando seu grupo como uma fonte de frustrações e pouco a pouco sentindo ódio em relação a ele. E rapidamente chegará à conclusão de que sua ascensão social como indivíduo está ameaçada, sua segurança socioeconômica e seu próprio destino pessoal correm o risco de serem comprometidos simplesmente por pertencer ao grupo judeu. Por isso entre muitos judeus o sentimento agudo de rejeição da interdependência de sua própria sorte ligada à sorte de uma minoria discriminada.

Kurt Lewin termina este estudo concluindo que o ódio de si entre os judeus não poderia, na maioria dos casos, ser diagnosticado como um assunto da psicopatologia. Como muitos outros fenômenos psíquicos com componentes neuróticos, o ódio de si muitas vezes é apenas a expressão de um conflito criado pela situação social na qual um indivíduo é forçado a viver. Este fenômeno apresenta-se sob traços neuróticos, mas não se trata de fato de uma neurose. De forma que o ódio de si entre os judeus é encontrado tanto entre os neuróticos quanto entre as pessoas normais. Trata-se de fato de um fenômeno sociopsicológico. A tal ponto que cada vez que os judeus, no interior de uma coletividade, são aceitos em um clima de igualdade de direitos e de privilégios, desaparecem então os traços neuróticos que alguns autores afirmam como típicos do grupo judeu. Em contrapartida, quando os judeus tornam-se o objeto sistemático de discriminações, seu único meio de não ceder ao ódio de si é o de intensificar entre eles as tendências de atração e de coesão pela causa judaica. Daí a importância vital para os educadores e os pais judeus de criar climas de crescimento em que os jovens judeus, desde seus primeiros anos de formação, possam se identificar positivamente com seu grupo étnico.

Minorias e minoritários

Kurt Lewin publica um estudo subsequente em que a partir de suas interpretações e de suas considerações sobre a minoria judaica ele tenta formular uma teoria suficientemente coerente para explicar a psicologia de todo grupo minoritário. Esta foi sua última pesquisa tratando dos macrofenômenos de grupo. Ela o convenceu definitivamente da exatidão de sua opção em focar a experimentação em psicologia social nos minigrupos. Mas de um lado estas teorias tiveram uma influência tão determinante nos meios universitários, sobretudo em relação à psicologia das relações interétnicas, e, por outro lado, elas são tão fundamentais a quem deseja compreender as concepções definitivas feitas por ele, nos anos seguintes, sobre a gênese e a dinâmica dos grupos. Por isso nos parece importante mostrar aqui as teses essenciais.

O estudo de que trataremos agora tem como título *Cultural Reconstruction*, e foi publicado em 1943 (88). Lewin só se referirá à psicologia das minorias mais duas vezes (103), (104). E será durante o ano que precedeu sua morte. Suas preocupações eram então exclusivamente de ordem metodológica. Tendo como referência suas próprias pesquisas sobre este problema ele tenta demonstrar o que elas lhe ensinaram sobre as exigências da experimentação em psicologia social. Abordaremos isto em um próximo capítulo para constatar e ressaltar a que ponto em três anos, de 1943 a 1946, os interesses, as concepções e as abordagens de Lewin evoluíram. Estes três anos ensinaram-lhe que a compreensão científica dos macrogrupos só se tornará acessível depois de longas e sistemáticas pesquisas sobre a psicologia dos grupos restritos.

No momento abordaremos apenas seu estudo sobre *Cultural Reconstruction*, que enuncia uma tese fundamental e três teses que dela derivaram: sobre a origem das minorias, sua natureza psicológica e seu futuro.

A tese fundamental é formulada de maneira a transcender o caso judeu para nos tornar inteligível o que Kurt Lewin considera como as constantes psicológicas de todo grupo minoritário. Para Lewin toda minoria psicológica tem dimensões antes de tudo sociais. Assim, ele não opõe social ao psíquico, ele dissocia o social do individual. As minorias psicológicas são sociais em sua origem, em suas estruturas e em sua evolução. Sua dinâmica é essencialmente social. Por isso a sobrevivência dos grupos minoritários não pode ser garantida senão a partir do momento em que eles tomam consciência deste dado fundamental e consentem a aceitá-lo.

1) Origem das minorias

Para Kurt Lewin, a própria existência de qualquer minoria depende apenas, em última análise, da boa vontade da maioria no meio da qual sua inserção é tolerada. Não é nunca em consideração aos comportamentos aceitáveis ou em reação contra os comportamentos repreensíveis de alguns indivíduos (ainda que, de fato, isto seja muitas vezes alegado como pretexto oficial), mas por motivos extrínsecos aos comportamentos dos membros das minorias, que as maiorias erguem, fortalecem, multiplicam ou derrubam as barreiras psicossociais com as quais cercam as minorias. Mas ele acrescenta que a maioria sempre tem interesse em privar as minorias de qualquer direito e qualquer privilégio. Mas é principalmente em período de tensão e de perigo coletivos que a maioria tende a exercer represálias contra as minorias, cedendo a uma necessidade de descarregar sobre um bode expiatório os picos de agressividade desencadeados pelas frustrações e as privações que lhes são impostas durante tais períodos críticos. Por meio de mecanismos de deslocamento, sua agressividade se faz extrapunitiva em relação às minorias sem defesa.

2) Constituintes, constituídos e constitutivos das minorias

Com esta terminologia tentaremos sistematizar o essencial do pensamento de Lewin sobre o ser das minorias. Esta sistematização nos parece necessária para evitar que o leitor tenha de seguir os caminhos às vezes tortuosos da argumentação de Lewin. Nós nos dedicaremos a não trair em nada o seu pensamento.

a) Os constituintes das minorias

Os *constituintes* das minorias podem ser definidos diferentemente, dependendo se a referência é feita às estruturas ou à dinâmica dos grupos minoritários.

a) Em relação às suas *estruturas*, as minorias aparecem constituídas de vários estratos. No centro encontram-se os estratos mais solidificados. Eles compõem-se de membros que aderem de boa vontade e integralmente às instituições, aos costumes, às tradições e aos sistemas de valores, que distinguem seu grupo dos outros grupos. Estes membros identificam-se de forma positiva com tudo o que é tipicamente próprio ao seu grupo. Os estratos periféricos, longe de serem solidificados como os primeiros, são móveis e fluidos. São compostos dos membros que experimentam uma forte ambivalência em relação a tudo o que distingue e por isto isola seu grupo da maioria. São os membros marginais das minorias. Eles suportam mal o fato de terem de viver em um espaço vital onde são mantidos à força por uma maioria que ergue barreiras psicossociais intransponíveis à sua migração para a maioria que invejam.

Com frequência é nas zonas periféricas, acrescenta Lewin, que se situam os minoritários de maior sucesso, aqueles que conseguiram se sobressair em seu ofício ou em sua profissão e que, por esta razão, sentem-se mais atraídos pela maioria. Sua ilusão, segundo ele, consiste em esperar que seu sucesso pessoal torne-os mais aceitáveis à maioria, e assim tanto sua origem quanto sua identidade étnica lhes serão perdoadas.

Enfim, observa Lewin, é nos estratos periféricos que as minorias acabam recrutando seus dirigentes ou unindo-se em torno dos dirigentes que pertencem a estes estratos. Estes indivíduos muitas vezes são designados a este posto em razão de seu sucesso pessoal. Eles aceitam aceder a este posto com a esperança de poder, graças à sua função de líder oficial, multiplicar seus contatos com a maioria e de nela encontrar algum substituto de prestígio de que são privados por causa de seu pertencimento a uma minoria. Por outro lado, são inúmeros os grupos minoritários que esperam que tal líder pareça mais aceitável e mais maleável à maioria e então em um passe de mágica as relações entre minoria e maioria serão melhores.

b) Em relação à sua *dinâmica de grupo*, as minorias revelam-se ao observador como constituindo um equilíbrio mais ou menos estável entre dois campos de força. De um lado, um campo de forças centrípetas, isto é, um conjunto de forças que exerce sobre os membros uma influência integrante de coesão. Estas forças são constituídas pela atração exercida sobre as minorias pelas características culturais próprias a este grupo e irredutíveis às culturas vizinhas. Estas forças centrípetas desempenham o papel de núcleo dinâmico no seio das minorias. Engendram nos minoritários atitudes de lealdade em relação a seu grupo ou o que Lewin às vezes gosta de chamar de o chauvinismo positivo. Elas dão paralelamente origem a um desejo cada vez mais intenso de se emancipar em relação à maioria.

No outro polo situa-se um campo de forças centrífugas; elas têm uma influência dissolvente sobre os membros da minoria. Estas forças são constituídas pela atração, às vezes irresistível, exercida pela maioria, seus privilégios, incluindo as promessas de prestígio e de satisfação dos instintos frustrados ou racionados pelas discriminações impostas pela maioria às minorias. As atitudes coletivas engendradas pelas forças centrífugas são, por um lado (isto se opõe à lealdade ao grupo), a desafeição em relação ao seu próprio grupo ou o chauvinismo negativo e, por outro lado, o desejo de assimilação à maioria.

b) *A minoria como constituída*

Se a minoria é concebida como uma totalidade dinâmica, devemos observar o fator de integração deste grupo que faz destes indivíduos múltiplos um único grupo coerente. Este fator de unificação é o constitutivo do grupo. Tentaremos demonstrá-lo mais adiante. Mas se agora tentamos definir as minorias como constituídas, Kurt Lewin nos fornece os seguintes conceitos que explicam o grau maior ou menor de integração ao qual elas acedem nos diferentes momentos de seu futuro.

Sob este ponto de vista, Lewin distingue dois tipos de minorias. Algumas constituem unidades articuladas de maneira orgânica. É o caso das minorias cujos estratos centrais englobam a maioria dos membros em vínculos muito estreitos e em uma fervorosa adesão à sua sorte e ao seu destino. Para a maioria dos membros, seu grupo étnico é percebido em termos de valência positiva.

Por outro lado, pode acontecer que minorias mal ou não integradas se revelem ao observador não mais como uma unidade orgânica, mas como uma unidade aparente, artificial, resultante de pressões e de coerções exteriores. Estas minorias não constituem estritamente um grupo. Trata-se mais de um agregado de indivíduos, mais ou menos submissos às mesmas restrições, às mesmas privações, às mesmas frustrações. Nestas minorias, o núcleo dinâmico compreende apenas alguns indivíduos que não perderam a fé no destino de seu grupo, a quase totalidade dos membros vivendo apenas da esperança de poder um dia passar para a maioria. Os vínculos entre os membros são neste caso bastante frágeis. O equilíbrio entre os diferentes estratos é muito instável e quase inteiramente polarizado por valências negativas.

c) O fator constitutivo das minorias

Como explicar, pergunta-se Lewin, que em alguns casos as minorias constituem unidades orgânicas e, em outros, têm apenas uma aparência da integração?

Segundo ele, o fator constitutivo de todo grupo é a interdependência da sorte de seus membros. No caso das minorias integradas, sua sorte de minoritários é aceita, e isto permite aos membros que se unam em sua luta pela emancipação. Por outro lado, no caso das minorias não integradas ou mal-integradas, sua sorte de minoritários é suportada. Não existe interdependência entre os membros. O único fator negativo que os une é a disposição em consentir a todos os compromissos, a todas as servidões ou a todas as servilidades que lhes facilitariam a assimilação à maioria.

3) O devir das minorias

Como a origem e a existência das minorias, seu devir, segundo Lewin, é antes de mais nada social.

O devir das minorias são se coloca em termos de superação como o devir de um grupo normal que não sofre nenhuma pressão, nem encontra nenhum obstáculo na continuidade de seu destino. Só em termos de sobrevivência é que o devir das minorias pode se definir. Sob este aspecto, segundo o autor, são possíveis três opções. Há em primeiro lugar o caso das minorias que perdem a fé em sua sobrevivência e que se dispõem a tudo o que apresse e favoreça sua *assimilação* à maioria. Quanto às minorias que optam por sua sobrevivência, duas atitudes são possíveis. O que elas possuem em comum é o fato de conceber sua sobrevivência como uma emancipação do jugo arbitrário da maioria. Vejamos o que as distingue. Algumas minorias querem garantir sua sobrevivência na *integração* com a maioria, na igualdade dos direitos e dos privilégios. Para chegar lá, estes grupos minoritários acabam assinalando e destacando, em suas relações intergrupais com a maioria, muito mais aquilo que as aproxima ou as une à maioria do que aquilo que as distingue ou as opõe. Enfim, existem minorias que creem que só podem garantir sua sobrevivência separando-se ou emancipando-se totalmente da maioria. Elas aspiram à *independência* total e definitiva em relação à maioria. Estão convencidas de que somente assim poderão conservar a integridade de sua cultura, continuar a conquista de sua plena identidade e a realização de seu destino coletivo. Apenas estas últimas minorias, conclui Lewin, têm alguma chance de garantir sua sobrevivência. Enganam-se aquelas que creem poder se integrar à maioria e nela conservar sua identidade étnica. Cedo ou tarde serão assimiladas.

Kurt Lewin termina este ensaio de teorização sobre a psicologia das minorias tentando caracterizar entre os minoritários as diferenças de atitudes coletivas que estas três opiniões implicam relação ao devir de suas relações interétnicas com a maioria que as oprime e as discrimina.

Lewin afirma que as minorias que renunciam à sua sobrevivência e aquelas que optam pela integração em um contexto de relações cordiais e um tanto servis em relação à maioria tendem a adotar as mesmas atitudes coletivas. De fato, ele considera que no plano interétnico as atitudes coletivas destas minorias são tipicamente adolescentes. O que sua estratégia tem em comum é basear-se na hipótese de que a presente situação de discriminação cessará no dia em que seu pertencimento à minoria será desconhecido, ignorado ou anulado. Assim como o adolescente deseja ser aceito pelo mundo dos adultos no dia em que convencê-los de que não é mais uma criança. Também como os adolescentes, o comportamento social destes dois tipos de minorias caracteriza-se pela intra-agressão, pela autoacusação, pelo excesso nas ambições, nas negações, nos protestos e no mimetismo. Sua identificação com a maioria é equivalente e nos dois casos baseia-se no temor. Existe ambivalência em relação ao seu próprio grupo tanto quanto em relação ao grupo majoritário.

Quanto às minorias que tentam garantir sua sobrevivência na independência em relação à maioria, suas atitudes coletivas são de um nível mais adulto. Elas ganharão em maturidade se à identificação positiva com seu grupo, no qual se inspiram seus comportamentos, acrescentarem-se a capacidade de periodicamente exercer autocríticas e o desejo de eventualmente realizar sua independência na interdependência com os outros grupos étnicos.

IV
Da pesquisa-ação à dinâmica dos grupos

Foi apenas por etapas que Kurt Lewin chegou a definir para si mesmo o que cientificamente são a dinâmica e a gênese dos grupos. Seus trabalhos sobre a psicologia das minorias já lhe tinham permitido, como acabamos de constatar, questionar as teorias e as metodologias tradicionais da psicologia social. Ele ultrapassará uma nova etapa ao elaborar, com base em suas próprias experiências na exploração das realidades sociais, uma concepção bastante pessoal da pesquisa e da experimentação em psicologia dos grupos.

Pesquisa em laboratório e pesquisa de campo

Kurt Lewin, no final de seus trabalhos sobre as minorias psicológicas, chega a duas conclusões metodológicas. A primeira consistia na seguinte descoberta: para ser válida, toda exploração científica de problemas que são da competência da psicologia das relações intergrupais deve acontecer em constante referência à sociedade global no interior da qual estes fenômenos de grupo se inserem e se manifestam. Assim os reflexos e as atitudes dos grupos minoritários não poderiam se tornar inteligíveis senão por referência ao contexto sociocultural em que se inscrevem, isto é, em referência às interações e às interdependências que toda minoria mantém necessariamente com a maioria que a discrimina. Além do mais, e esta é a segunda conclusão de Kurt Lewin, para abordar e interpretar cientificamente fenômenos de tal magnitude e complexidade, apenas uma abordagem complementar de todas as ciências do social teria alguma chance de identificar validamente as constantes e as variáveis em causa. Estas duas conclusões lhe foram impostas assim que tomou consciência de que as realidades sociais eram multidimensionais (103), (104).

Esta constatação o levou a opor, em psicologia social, a pesquisa em laboratório à pesquisa de campo. A primeira parecia-lhe cada vez mais artificial e inadequada. Segundo ele, apenas a segunda podia nos oferecer condições válidas de experimentação. Ele próprio reconhece que foi então influenciado tanto pelo pragmatismo americano, que acabara de descobrir, quanto pela concepção hegeliana do devir à qual adere desde o tempo de seus trabalhos realizados em Berlim sobre o desenvolvimento da personalidade.

1) Para Lewin as hipóteses que a ciência formula, as leis que desenvolve e as teorias que elabora só têm valor em psicologia de grupo na medida em que são aplicáveis, isto é, na medida em que permitem efetuar sob sua luz, de maneira eficaz e duradoura, modificações dos fenômenos sociais que elas desejam explicar. Lewin vai ao encontro de uma das teses fundamentais do *operacionismo*. Ora, o "operacionismo" é em psicologia, no momento em que Lewin estabelece seus primeiros contatos com os meios universitários americanos, a influência dominante que obriga teóricos e pesquisadores daquela época a orientar a metodologia da pesquisa para uma ótica essencialmente pragmática. Seu axioma de base é o se-

guinte: a validade de uma hipótese, a verdade de uma teoria são proporcionais à exatidão das previsões que elas permitem.

Lewin fixa então dois objetivos a toda pesquisa sobre fenômenos sociais. Estes dois objetivos confundem-se e completam-se. Eles podem ser atingidos simultânea ou sucessivamente. Segundo ele, estes objetivos ou fornecem um diagnóstico sobre uma situação social dada ou descobrem ou formulam a dinâmica própria da vida de um grupo. Uma ou outra destas duas tarefas não pode ser empreendida de fato sem que o pesquisador se veja forçado, para completá-la, a empreender a outra. Elas são complementares e indissociáveis no plano metodológico. Não há diagnóstico de uma situação social concreta que possa ser formulado sem exploração da dinâmica própria do grupo implicado por esta situação. Assim também a dinâmica própria de um grupo só se revelará realmente ao pesquisador que conseguir assimilar todos os dados concretos da vida deste grupo. A pesquisa em psicologia social, conclui Lewin, deve tomar sua origem em uma situação social concreta a ser modificada. E ela deve se inspirar constantemente nas transformações e nos componentes novos que surgem durante e sob a influência da pesquisa. Enfim, a pesquisa deve se prolongar enquanto seus objetivos imediatos não são alcançados.

2) Por outro lado, Kurt Lewin, em acordo com a concepção hegeliana do devir social assim como exposta pelo filósofo Karl Jaspers (67), coloca como hipótese que os fenômenos sociais não podem ser observados de fora. Como também não podem ser observados em laboratório, de maneira estática. Eles se tornam inteligíveis somente ao pesquisador que os percebe quando consente participar de seu devir. Para Lewin, os fenômenos de grupo não revelam as leis internas de sua dinâmica senão

aos pesquisadores dispostos a se engajar a fundo, pessoalmente, neste dinamismo em andamento, a respeitar seus processos de evolução nos sentidos definidos que a História lhe imprime e assim favorecer ao máximo a sua superação. Significa dizer que o pesquisador deve se envolver pessoalmente no devir das realidades sociais que ele tenta explicar sem deixar de ser objetivo em relação a elas. Para isto é preciso estar disposto a continuar suas pesquisas no próprio campo em que se manifestam os fenômenos que ele estuda e só modificar sua dinâmica com o consentimento explícito dos membros do grupo que serve à sua experimentação. Por isso lhe é necessário assumir constantemente ao longo de suas pesquisas os dois papéis complementares de participante e de observador.

Opções metodológicas

Para a compreensão da obra de Lewin é essencial lembrar que ele foi um dos primeiros e um dos principais teóricos do gestaltismo[1]. E sua psicologia individual, centrada no estudo do desenvolvimento da personalidade e sua psicologia social, centrada no estudo dos pequenos grupos, elaboram-se, articulam-se e se edificam a partir de postulados gestálticos. Temos aqui a chave de suas opções metodológicas.

1) Como já sabemos, no plano dos *objetos*, Lewin muito cedo optou por uma exploração sistemática e exclusiva dos

---

1. Gestaltismo, do alemão *gestalt*, significando estrutura, forma. Essa escola psicológica propõe apreender os fenômenos em sua totalidade, sem querer dissociar os elementos do conjunto onde eles se integram e fora do qual eles não significam mais nada. Primeiramente aplicado à percepção, essa teoria se estendeu a toda a psicologia.

microfenômenos de grupos. O que precisamos ver agora é o postulado gestaltista subjacente a esta opção. Para Lewin os pequenos grupos constituem as únicas totalidades dinâmicas acessíveis à observação e consequentemente à experimentação científica. E vejamos por quê. Antes é preciso esclarecer que se trata de pequenos grupos concretos, formados com base nas interações que unem os indivíduos em contato direto. Ora, para Lewin as atitudes sociais de um indivíduo ou as atitudes coletivas de um grupo não podem ser compreendidas senão a partir dos diferentes conjuntos sociais dos quais fazem parte. E, reciprocamente, estes conjuntos sociais não podem ser compreendidos senão a partir dos indivíduos e dos pequenos grupos concretos que neles se englobam. E vejamos como. Por um lado a forma das situações concretas (neste caso trata-se de situações sociais) depende da forma das realidades globais que as envolvem, e estas dependem por sua vez das situações concretas que possuem sua dinâmica própria. Ora, as situações concretas são função das interações dos indivíduos. E Lewin conclui que é apenas por meio do pequeno grupo concreto de dimensões reduzidas, isto é, a célula social bruta, que estas relações de reciprocidade tornam-se acessíveis à observação.

2) No plano dos *métodos*, a influência das teorias gestálticas não é menos evidente: Kurt Lewin denuncia como inválidas e estéreis as abordagens atomísticas que então prevaleciam nos meios de pesquisa em psicologia social. Para ele um fenômeno de grupo só se torna inteligível quando se consegue praticar neste fenômeno o que ele chama de cortes analíticos sociais e concretos, de prospecções verticais. O que significa dizer que não é decompondo o fenômeno estudado em elementos e em segmentos para reconstituí-lo em laboratório

em escala reduzida que o pesquisador pode esperar encontrar sua dinâmica essencial. É antes tentando alcançá-lo em sua totalidade concreta, existencial, não de fora, mas de dentro. É com este objetivo que Lewin introduz o que chama os *pequenos grupos-testemunhas*, isto é, indivíduos que, recebendo uma formação especial, constituem em seguida no seio da sociedade o que Lewin chama os átomos sociais radioativos. Eles se tornam, por sua presença no interior do fenômeno de grupo a ser explicado, os elementos que devem provocar modificações completas de estrutura de uma situação social e das atitudes coletivas que lhe correspondem. Assim eles podem observar de dentro os processos e os mecanismos em jogo neste devir e encontram-se deste modo sob uma ótica ideal para perceber sua significação essencial.

Kurt Lewin não considera estas opções metodológicas como hipóteses provisórias, mas como postulados. Uma longa prática da pesquisa científica demonstrou-lhe como definitivamente adquirida a validade das abordagens gestálticas para o estudo dos comportamentos humanos. Veremos agora explicitamente como estas opções metodológicas inspiram e orientam a abordagem em suas pesquisas sobre os comportamentos de grupo e as atitudes coletivas.

Atitudes coletivas

Quase todos os psicólogos sociais americanos tinham, até Kurt Lewin, centrado suas pesquisas no problema da socialização do ser humano (30). A maioria estava de acordo para conceber o processo de socialização como a aprendizagem de atitudes sociais. Por outro lado e paralelamente, atingimos aqui aquilo que constitui a diferença fundamental entre a obra de Moreno e a de Lewin. Moreno, antes e a partir de Lewin, preocupou-se constantemente com o problema da socialização do ser humano. Seus trabalhos, suas pesquisas e descobertas sempre estiveram polarizadas por aquilo que sempre lhe pareceu ser o problema fundamental que a psicologia tinha como obrigação esclarecer. Por isso dedicou-se não apenas a teorizar, mas também a inventar técnicas e instrumentos que favoreçam e facilitam a aprendizagem ou a reaprendizagem das atitudes sociais. Para ele, o psicodrama, a troca de papéis, o sociodrama são tanto instrumentos pedagógicos quanto terapêuticos conforme sejam utilizados para socializar ou ressocializar o ser humano. Mas ao longo de sua atividade científica Moreno, seja construindo esta ciência nova que chamará sociometria, seja aperfeiçoando esta arte que nomeará sociatria, será constantemente influenciado pelas teorias sobre a psicologia da aprendizagem (118). Ainda que se defenda e negue enfaticamente, Moreno edificará sua obra em continuidade com preocupações que, até Lewin, dominaram na psicologia social, tal como buscava então se construir na América. Nesta época, os psicólogos sociais, como assinalado anteriormente, eram quase exclusivamente orientados em suas pesquisas a determinar o entorno mais propício para a aprendizagem das atitudes sociais democráticas. Alguns até mesmo, cedendo às motivações que provinham mais de seu sistema de valores do que das exigências da ciência, chegaram a definir o meio educacional mais apto a formar o cidadão americano perfeito (113).

Com e a partir de Lewin, o interesse dos pesquisadores desloca-se e volta-se para as atitudes coletivas. Os comportamentos em grupo e as atitudes sociais também não deixam de ser um objeto de exploração e de experimentação em psicologia social. O que mudou radicalmente foi a abordagem e a metodologia que depois de Lewin tornaram-se dinâmicas e gestálticas. Para definir cientificamente os comportamentos em grupo e as atitudes sociais, os pesquisadores se referem ao que são e devem ser os comportamentos de grupo e as atitudes coletivas.

Mas isto não é tudo. Sempre em acordo com seus postulados gestálticos, Lewin denuncia, como fizera em 1931 em relação à psicologia da personalidade (51), os esquemas aristotélicos de interpretação. Nenhum comportamento de grupo, assim como nenhum comportamento humano, poderia ser explicado unicamente em termos de causalidade histórica. Vejamos por quê. Como seres sociais, os comportamentos dos indivíduos são função de uma dinâmica independente das vontades individuais. Pois os fenômenos de grupo são irredutíveis e não podem ser esclarecidos à luz da psicologia individual. Toda dinâmica de grupo é a resultante do conjunto das interações no interior de um espaço psicossocial. Estas interações poderão ser tensões, conflitos, repulsas, atrações, trocas, comunicações ou ainda pressões e coerções. Em resumo, as atitudes coletivas só podem se tornar inteligíveis se aquele que as observa consegue responder a estas duas questões:

1) Por que, em uma situação espontânea dada, um comportamento de grupo se produz de preferência a um outro?

2) Por que, neste exato momento, a situação observada possui esta estrutura e não outra?

Em outros termos, deve ser possível ao observador retraçar, do devir social estudado, as fases e as etapas pelas quais cada um de seus elementos foi conduzido a ocupar, exatamente neste momento, esta região no espaço situacional considerado, e em segundo lugar situar de onde vem a dinâmica que afeta cada um destes elementos (69).

Lewin recomenda, portanto, recorrer a *esquemas galileanos de interpretação* em psicologia social, do mesmo modo que conseguiu fazer em psicologia individual. Fiel a esta ótica, Lewin não busca a explicação dos fenômenos de grupos na natureza de cada um de seus elementos ou de seus componentes, mas nas múltiplas interações que se produzem entre os elementos da situação social em que eles acontecem, no exato momento em que são observados e interpretados. Ora, segundo Lewin, o ambiente social contribui para a formação e a transformação das atitudes coletivas favorecendo ou, ao contrário, inibindo as tendências sociais já adquiridas. Lewin sugere a seguinte razão: uma vez que as situações sociais têm sua própria dinâmica, as atitudes de um indivíduo em um determinado momento são função de sua relação dinâmica com os diferentes aspectos da situação social, que ele assume de acordo ou contra sua vontade (69). Mais tarde, ele retomará esta explicação reformulando-a de outra maneira: a estrutura do meio assim como é percebida por um indivíduo depende de seus desejos, de suas necessidades, de suas expectativas, de suas aspirações, ou seja, de suas atitudes; ao passo que o conteúdo ideativo do ambiente coloca o indivíduo em certo estado de espírito. É a relação de reciprocidade entre as atitudes do indivíduo e o conteúdo mental do meio que cria a situação da qual o comportamento é função (91).

Segundo Lewin, as atitudes coletivas encontram-se no início e no fim do encadeamento dos fenômenos dinâmicos que produzem os comportamentos de grupo. Em outros termos, Lewin sugere que toda situação social pode ser percebida e concebida como constituindo uma cadeia de fenômenos cuja resultante seria os comportamentos de grupo. No início e no final desta cadeia se encontrariam as atitudes coletivas. Esta cadeia pode ser decomposta em vários tempos: primeiro no nível da percepção, em seguida no nível do comportamento. No *nível da percepção*, as atitudes comuns a um grupo, isto é, suas atitudes coletivas, seus esquemas mentais e seus esquemas afetivos de adaptação à situação social determinam a perspectiva geral na qual os membros do grupo percebem o conjunto de uma situação. As percepções respectivas dos membros de um grupo da situação social são condicionadas por suas atitudes coletivas. Por outro lado, no *nível do comportamento*, os esquemas coletivos e as atitudes pessoais estão presentes no campo dinâmico na medida em que constituem uma inclinação para certos tipos de comportamento de grupo. Essa inclinação, por sua vez, cria uma atração para certos aspectos da situação ou uma repulsa para outros aspectos ou regiões desta situação.

Quanto à cultura ambiente, ela tende a favorecer, segundo Lewin, *vetores de comportamentos*. Para ele os vetores de comportamentos são as direções, as orientações dadas a um comportamento, ou, nos casos opostos, eles constituem barreiras mais ou menos impermeáveis que dificultam a expressão de si (76). A resultante das forças que interessam tal indivíduo em suas relações com um aspecto do campo dinâmico do qual faz parte é a atitude momentânea deste indivíduo em uma situação determinada. Esta atitude momentânea será traduzida por um comportamento de grupo. Para Lewin a razão profunda desta concepção galileana, em termos de interação das relações entre os diversos elementos de um fenômeno de grupo, percebido como um todo irredutível aos seus constituintes individuais, é que em uma perspectiva gestáltica não pode haver fronteiras imutáveis entre consciências individuais e um determinado meio. Para ele a dicotomia introduzida pelos behavioristas entre pessoa e meio é arbitrária e gratuita. As pessoas, os objetos, as instituições, os grupos e os acontecimentos sociais são alguns dos elementos das situações sociais. Estes elementos mantêm entre eles relações dinâmicas cujo conjunto apenas determina a estrutura do campo social.

Campo social

As atitudes coletivas, não mais aliás do que as atitudes pessoais, não aparecem para Lewin nem como o resultado de mecanismos exteriores às consciências, nem como atos subjetivos das consciências. Elas são segmentos de uma situação social em que se fundem em uma mesma realidade dinâmica elementos objetivos e elementos conscientes. Três conceitos de base, emprestados à sua psicologia topológica, servem para ele revelar as implicações deste teorema sobre a gênese e a dinâmica dos grupos. O mais importante destes conceitos é o de campo social.

1) O primeiro conceito-chave ao qual Lewin recorre é o de *totalidade dinâmica*.

Lewin foi o primeiro a utilizar este termo, como já observamos. E o transformará em uma noção fundamental em dinâmica dos grupos. Para ele todo conjunto de elementos interdependentes constitui uma totalidade dinâmica. Se os grupos são sempre totalidades dinâmicas, as totalidades dinâmicas estão longe de serem exclusivamente grupos. Por exemplo, a personalidade é uma totalidade dinâmica na medida em que pode ser considerada como um complexo de sistemas, de formas e de processos psíquicos.

2) O segundo conceito invocado por Lewin é o do *eu social*.

Para Lewin, a personalidade revela-se como uma configuração de regiões que têm uma estrutura que ele chama "quase estacionária". Querendo dizer com isto que é preciso conceber a personalidade como um sistema que tende a se encontrar idêntico a si mesmo em todas as situações. O eu (que nomeia *self* muito mais do que *ego*) revela-se diante das realidades sociais como um sistema de círculos concêntricos. No centro encontra-se um núcleo constituído por aquilo que Lewin chama o *eu íntimo*: este núcleo é dinâmico e formado por valores que lhe são fundamentais, valores aos quais o indivíduo confere uma maior importância. Este núcleo central é envolvido pelas regiões intermediárias que Lewin chama o *eu social*: o eu social engloba os sistemas de valores que são compartilhados com alguns grupos, por exemplo os valores de classe, os valores profissionais. Na periferia da personalidade encontra-se situado o *eu público*. Assim como o eu íntimo é um eu fechado, este é um eu aberto. O eu público é a região mais superficial de uma personalidade, aquela que está engajada nos contatos humanos ou nas tarefas em que apenas os automatismos bastam ou são requisitados, é neste nível que se envolvem aqueles que participam dos fenômenos de massa. É também neste nível que com frequência muitos indivíduos se integram às situações de trabalho em que somente a periferia de seu ser está engajada.

Conforme as situações sociais, conforme os graus de distância social, nosso eu público ou nosso eu social se reveste de dimensões diferentes. Nem um nem outro não têm nada de estático. Nosso eu social pode encolher ou se dilatar. Lewin pretende que algumas personalidades são abertas para o outro a ponto de serem apenas estruturas de acolhimento mesmo no plano do eu íntimo. Outras, ao contrário, mesmo no plano do eu público, são fechadas sobre si mesmas e parecem preocupadas apenas em se defender e em se fechar ao outro. Excepcionalmente nos introvertidos o eu social para e a personalidade é integralmente absorvida pelo eu íntimo. Por razões diferentes o eu social é quase inexistente nos extrovertidos em quem o eu público ocupa todo o espaço vital.

3) O terceiro conceito é o de *campo social*.

Para Lewin, o campo social é essencialmente uma totalidade dinâmica, constituída por entidades sociais coexistentes, não necessariamente integradas entre elas. Assim podem coexistir no interior de um mesmo campo social grupos, subgrupos, indivíduos separados por barreiras sociais ou ligados por redes de comunicação. O que caracteriza antes de tudo um campo social são as posições relativas que nele ocupam os diferentes elementos que o constituem. Estas posições são determinadas ao mesmo tempo pela estrutura do grupo, sua gênese e sua dinâmica.

O campo social, para Lewin, é uma *gestalt*, isto é, um todo irredutível aos subgrupos que nele coexistem e aos indivíduos que ele engloba. As propriedades dos subgrupos ou a personalidade de seus membros não poderiam então nos revelar a dinâmica dos vínculos que os constituem em um mesmo campo social. A este respeito, Lewin alerta o pesquisador contra todo *a priori* antropocêntrico. Pois, segundo ele, é necessário constantemente dissociar e distinguir grupo e indivíduos quando de dentro o observador procura descobrir e revelar os polos, as valências e os vetores que explicam as interações no interior de um mesmo campo social (67).

É a partir deste conceito de campo social que Kurt Lewin elabora suas primeiras hipóteses sobre a dinâmica dos pequenos grupos (77). São quatro as hipóteses nesta etapa de seu pensamento.

1) A primeira hipótese é que o grupo constitui o terreno sobre o qual o indivíduo se mantém. Esta hipótese já havia sido formulada quando tentou preconizar o que deveria ser a pedagogia do jovem minoritário (73). Conforme os casos, este terreno pode ser firme, frágil, movediço, fluido ou elástico. Toda vez que uma pessoa não consegue definir claramente seu pertencimento social ou quando não está integrada em seu grupo, seu espaço vital ou sua liberdade de movimento no interior do grupo serão caracterizados pela instabilidade e pela ambiguidade.

2) Em segundo lugar, o grupo é para o indivíduo um instrumento. Significa dizer que o indivíduo mais ou menos conscientemente utiliza o grupo e as relações sociais que mantém em seu grupo como ferramentas para satisfazer suas necessidades físicas ou suas aspirações sociais.

3) Em terceiro lugar, o grupo, para Lewin, é uma realidade da qual o indivíduo faz parte, mesmo aqueles que se percebem como ignorados, isolados ou rejeitados. Por isso, toda vez que o grupo ou os grupos dos quais um indivíduo faz parte, ainda que nominal ou artificialmente, sofre modificações em suas estruturas ou sua dinâmica por meio dos processos de crescimento, de superação, de diferenciação, de integração, de regressão ou de desintegração, ele necessariamente sente os

contragolpes. Seus valores, suas necessidades, suas aspirações, suas expectativas nele encontram gratificações ou, ao contrário, frustrações. A dinâmica de um grupo sempre tem um impacto social sobre os indivíduos que o constituem. Nenhum membro escapa disto totalmente.

4) Finalmente, o grupo é para o indivíduo um dos elementos ou determinantes de seu *espaço vital*. É no interior de um espaço vital, isto é, esta parte do universo social que lhe é livremente acessível, que se desenvolve ou evolui a existência de um indivíduo. E o grupo é um setor deste espaço.

Concluindo, a *adaptação social*, segundo Lewin, consistiria em concretizar sua superação, atualizar suas aspirações e suas atitudes, atingir seus objetivos pessoais sem nunca deturpar nem romper os vínculos funcionais com a realidade coletiva ou o campo social onde o indivíduo se insere e que constitui o fundamento de sua existência.

Resistências emotivas à mudança social

A adaptação social não pode ser definida operacionalmente, segundo Lewin, sem referência à mudança social. Vejamos o desenvolvimento da abordagem intelectual que gradualmente o conduz a enunciar esta hipótese (82).

Acabamos de destacar o que Lewin afirma serem as interações constantes entre as atitudes coletivas e o campo social onde elas se expressam. Abordando o problema da mudança social, Kurt Lewin retoma este tema para torná-lo mais preciso e explícito. As atitudes coletivas, já definidas por ele de várias maneiras, desta vez aparecem-lhe como um movimento provocado em um grupo de indivíduos por forças objetivas que resultam de uma situação social dada. Para ele, o clima social, as situações de grupo ou as estruturas formais do momento social observado são realidades tão objetivas quanto o clima físico, a situação geográfica e a configuração do espaço físico em torno do indivíduo. Segundo ele, as relações entre as realidades sociais e os comportamentos do indivíduo não são nem mais nem menos constrangedoras do que aquelas que ele mantêm com o universo físico. Deste modo, nas condições sociais existentes, que constituem o espaço vital de um determinado indivíduo, ele pode escapar a certas pressões, recusar-se a certas coerções, mas em contrapartida não pode se subtrair nem se esquivar de certos condicionamentos. Precisará, em alguns momentos, adotar um tipo de comportamento ou se conformar a uma outra atitude para responder às expectativas do grupo. Em outros momentos, atitudes e comportamentos lhe serão impostos pelo grupo. A liberdade de movimento e de escolha depende do clima social que prevalece no grupo. O clima cultural em que vive, a dinâmica da situação social na qual se encontra envolvido, a estrutura do momento da história do qual participa com as pessoas que o cercam, constituem uma realidade objetiva: a totalidade dinâmica da qual ele depende neste momento preciso de seu devir. É no interior desta totalidade dinâmica que se encontram orientados, senão condicionados, seus comportamentos em grupo e suas atitudes sociais.

Kurt Lewin deduz então que a conduta de todo indivíduo em grupo é determinada, de um lado, pela dinâmica dos fatos e, de outro, pela dinâmica dos valores que ele percebe em cada situação. Ora, segundo ele (e é aqui que seu pensamento se explicita), o campo de forças que surge da interação dos fatos e dos valores depende de três coisas:

1) Em primeiro lugar, depende das tendências do *eu* concebidas como a maneira única pela qual cada indivíduo percebe cada instante presente em função de seu passado pessoal. Suas percepções, neste plano, são condicionadas por sua sensibilidade geral, as orientações fortuitas de seu ser, suas capacidades de atenção afetadas ou estimuladas por seus estados nervosos e suas preocupações materiais e morais.

2) A estas tendências do eu adicionam-se as tendências do *superego* que representam os imperativos da sociedade, da forma como o indivíduo as interiorizou.

3) Um terceiro determinante é a própria *situação social*, concebida como o conjunto dos fragmentos do universo social com os quais ele está em estado de interdependência.

As tendências do eu e do superego constituem, para Lewin, a dinâmica dos valores ao passo que a dinâmica dos fatos nos é dada pela situação social. Em consequência, toda situação social pode ser definida como um momento da história do mundo, explicando-se assim de um lado por seu passado objetivo, que consiste no encadeamento dos fatos e dos processos sociais e, de outro, por seu passado subjetivo, isto é, pelas representações coletivas que os indivíduos se fazem dos antecedentes desta situação bem como da gênese de seu próprio grupo. Mas se para uma parte dos indivíduos o passado é determinante no condicionamento dos comportamentos de grupo e das atitudes sociais, para a maior parte deles o devir da situação social vivida o é ainda mais. Lewin esclarece que não apenas o devir objetivo da situação ou os determinismos e a mecânica dos fatos sociais, mas também o devir subjetivo da situação ou as representações que os indivíduos envolvidos nesta situação se fazem de sua evolução e de sua superação, bem como as antecipações ou as apreensões que eles alimentam em relação à situação social que vivem. Por isso a necessidade, afirma Lewin, de iluminar a gênese e a dinâmica dos grupos à luz de um conceito fundamental em sociologia e em antropologia cultural: o conceito de mudança social.

Mudança social e *controle social* são para ele conceitos indissociáveis. É fácil agora adivinhar o porquê. A única maneira de experimentar a mudança social, de descobrir sua dinâmica essencial, é tentar do interior, de dentro, planejá-la e controlá-la. Ou, ainda, é conseguindo derrubar as resistências à mudança social que se pode melhor aceder à compreensão de seus processos e de seus mecanismos. Encontramos aqui os propósitos anteriormente mantidos por Lewin sobre a pesquisa de campo em oposição à pesquisa em laboratório.

Ora, para Lewin, podem ser observadas duas atitudes típicas em relação a toda mudança social, qualquer que seja ela. A atitude conformista condicionada por percepções sociais cristalizadas que percebem toda mudança do *status quo* como catastrófica. A atitude não conformista, ao contrário, é inspirada por percepções sociais que antecipam toda mudança do *status quo* como almejada e desejável. Muitas vezes neste último caso, observa Lewin, as percepções e as atitudes dos não conformistas não bastam para transformá-las em agentes de transformação social, pois estes últimos não possuem as técnicas de comunicação que lhes permitiriam operar as mudanças de clima e de atitudes no meio que desejam fazer evoluir. Por isso a necessidade de poder contar, no momento em que uma mudança social mostra-se desejável, com grupos-testemunhas compostos, como vimos anteriormente, de átomos sociais radioativos segundo as próprias palavras de Lewin, que possuem ou então dominam as técnicas de grupo que os tornam aptos para vencer as resistências emotivas à mudança social que deve ser introduzida no meio observado.

A mudança social implica uma modificação do campo dinâmico no qual o grupo se encontra. Conforme aconteça ou não, o observador-participante, que é o experimentador preconizado por Lewin, pode identificar três tipos de fenômenos distintos em relação à mudança social.

1) Ou os grupos não sentem e não experimentam nenhum desejo, nenhuma aspiração para evoluir, para mudar. É o caso de todos os grupos conformistas que se satisfazem com percepções estereotipadas da situação social, cujas atitudes coletivas e comportamentos de grupo são determinados e condicionados por preconceitos. Lewin, para diagnosticar estes casos, recorre ao termo *constância social*. Hoje os psicólogos sociais certamente empregariam os termos de esclerose social ou até mesmo de necrose social para caracterizar o que não é mais uma dinâmica de grupo, mas uma estática de grupo, tanto as estruturas formais absorveram ou aniquilaram em uma estratificação cristalizada as dimensões funcionais destes grupos.

2) No caso precedente a mudança social tem pouca ou nenhuma chance de acontecer tanto o *status quo* é valorizado. No caso presente, a mudança social é desencadeada, é desejada pelos elementos não conformistas do grupo. Mas estes últimos se chocam contra as resistências por parte dos membros do grupo que têm interesses investidos no *status quo*. Os elementos conformistas freiam então ou tentam se opor às tentativas de mudança. Suas manobras são geralmente clandestinas e tendem a criar climas de grupo que tornam as transformações sociais provisoriamente impossíveis,

de maneira a não comprometer seus privilégios adquiridos. No caso anterior, o grupo era, na maioria ou na totalidade, conformista. Nenhuma mudança social acontecia. No caso presente os elementos conformistas são em minoria, as mudanças sociais acontecem apenas lentamente ou na superfície por causa de suas *resistências à mudança*.

3) Lewin menciona enfim o caso dos grupos não conformistas no interior dos quais a totalidade ou a maioria dos membros experimentam e sentem uma *inclinação à mudança*. Nestes grupos, as percepções de grupo, as atitudes coletivas, os comportamentos de grupo são polarizados por uma aspiração dos membros a crescer e a se superar como grupo. Nestes grupos as estruturas formais são flexíveis e funcionais. Elas favorecem entre eles relações interpessoais, vínculos de interdependência e interações cada vez mais dinâmicas.

Como excelente gestaltista, Lewin conclui que a mudança social para acontecer exige que sejam modificadas as relações dialéticas que unem os três elementos seguintes:

1) as estruturas da situação social;

2) as estruturas das consciências que vivem nesta situação social;

3) os acontecimentos oriundos desta mesma situação social.

Mas o fator determinante que tornará possível a mudança social será sempre o clima de grupo reinante. Ora, o clima de um grupo, como acaba de descobrir Lewin (71), é sempre determinado pelo tipo de autoridade que nele se exerce. É por isso que, como ele enuncia, modificar as atitudes coletivas ou produzir uma mudança social consiste na quase totalidade dos casos em introduzir um novo estilo de autoridade ou uma nova concepção do poder no interior da situação social que deve evoluir.

Experimentação e ação social

Na noite anterior à sua morte, Kurt Lewin havia terminado a redação de um artigo sobre a *pesquisa-ação*, que deveria ser publicado na revista científica americana The Journal of Social Psychology. Os editores do livro póstumo Resolving social conflits o incluíram entre os que foram reunidos em torno deste tema (198). Este artigo constitui as últimas formulações do pensamento de Lewin sobre o que deveriam ser a experimentação e a pesquisa em psicologia social. Nele se encontram enunciados e explicitados melhor do que em sua obra os objetivos, as condições de validade e as etapas da "pesquisa-ação".

1) Para Lewin a pesquisa em psicologia social deve ser uma *ação social*. É nesta medida que ela pode escapar das miragens dos esquemas pseudoclássicos da experimentação. Para perceber os fenômenos de grupo de dentro, não de fora, o experimentador deve antes tentar se objetivar a respeito deles e conseguir percebê-los como gestalts, depois, para descobrir sua dinâmica essencial, empreender de dentro reestruturá-los de maneira a favorecer e a acelerar seu devir.

2) Duas condições parecem essenciais a Lewin para garantir a validade de semelhante experimentação:
 a) Ela deve acontecer nos pequenos grupos engajados em relação aos problemas sociais reais e preocupados em se

reestruturar para se inserir de maneira mais funcional na situação social onde procuram alcançar seus objetivos.

b) Ela deve ser operada por pequenos grupos-testemunha, compostos de experimentadores engajados e motivados em relação às mudanças sociais que desejam introduzir. A autenticidade de suas motivações lhes permitirá que se tornem ao mesmo tempo aceitáveis aos grupos junto dos quais experimentam e que procedam à sua experimentação na condição de membro-participante integralmente da dinâmica do grupo observado.

3) Enfim, segundo Lewin, a experimentação em psicologia social deve acontecer em três etapas essenciais. E as três tendem a operar uma mudança social por meio de um controle social mais funcional das atitudes coletivas e dos comportamentos de grupo.

a) Uma primeira etapa consiste em um levantamento ou uma análise das percepções de grupo que caracterizam tanto os indivíduos quanto os subgrupos e o grupo.

b) Em uma segunda etapa, trata-se de deduzir, predizer ou derivar destas análises conjeturas sobre a evolução possível destas percepções de grupo.

c) Finalmente, uma terceira etapa terá como objetivo perceber e prever os novos modos de comportamentos de grupo que estarão em harmonia.

Lewin recomenda que se chegue por meio deste diagnóstico e desta utilização do grupo estudado a um controle mais funcional das atitudes de grupo. O primeiro objetivo estratégico a ser alcançado, segundo Lewin, é o de tornar grupos e subgrupos conscientes e lúcidos da dinâmica inerente à situação social em processo de evolução. É somente a partir deste momento que subgrupos e grupos aceitarão os corretivos e complementos que serão acrescentados às suas percepções de grupo. Suas percepções de grupo e em seguida suas atitudes coletivas bem como seus comportamentos de grupo passam do subjetivo ao objetivo, do pessoal ao situacional. Sem ruptura, nem negação, mas primeiro por sincronização e depois por sintonização.

Quando a experimentação em psicologia social torna-se uma pesquisa-ação, permite aos pesquisadores encontrar em campo, por ocasião de uma ação social, condições perfeitas para perceber as constantes e as variáveis em jogo no devir de um agrupamento humano. Deste modo, os processos e as determinantes da gênese dos grupos, as leis essenciais da dinâmica dos grupos poderão pouco a pouco ser definidas. Estas definições, para serem científicas, devem ser operacionais. Elas correm o risco de jamais sê-lo se a experimentação continuar acontecendo em laboratório. Pois quem nos garante que os grupos reconstruídos artificialmente em laboratório constituem realmente grupos? Na maioria das vezes, ou sempre, os indivíduos agrupados para fins experimentais não chegam a se integrar e continuam funcionando de maneira individualista, defendendo-se contra as manipulações de que são objeto, mais ou menos traumatizados. É mérito de Lewin ter tornado a psicologia social consciente das pedras no caminho contra as quais a pesquisa continuaria tropeçando se continuasse em laboratório. Seu gênio consistiu em abrir novos caminhos, novas avenidas à pesquisa, fornecendo-lhe uma metodologia e óticas que resultaram em descobertas inesperadas antes dele.

V
Comunicação humana e relações interpessoais

Os quatro primeiros capítulos foram consagrados exclusivamente a Kurt Lewin. O leitor até aqui pôde acompanhar a evolução do seu pensamento e de suas pesquisas, constatar a que ponto seus trabalhos e suas abordagens em psicologia social marcam uma ruptura com o passado e um progresso decisivo em relação aos seus predecessores. Além do mais ele pôde conscientizar-se de como Kurt Lewin, desde sua chegada na América, preocupou-se cada vez mais em definir cientificamente aquilo que foi o primeiro a chamar "dinâmica dos grupos". Para tanto questionou e redefiniu as metodologias e as teorias tradicionais em psicologia social. Mas assim que definiu as exigências de validade e os esquemas de experimentação de maneira operacional, Kurt Lewin dedicou-se simultaneamente à exploração de três problemas-chave que o conduziram às descobertas, hoje consideradas como geniais, sobre a gênese e a dinâmica dos agrupamentos humanos (65), (71), (86), (92), (94), (99).

Os três próximos capítulos abordarão sucessivamente cada um destes três problemas. Primeiro estabeleceremos a contribuição de Lewin para a compreensão de cada um deles. Depois, serão demonstrados os progressos realizados a partir dele. O leitor poderá assim descobrir até que ponto muitas de suas hipóteses continuam inspirando os pesquisadores em psicologia social. Algumas delas ficaram mais claras depois, outras adquiriram nuanças ou tiveram de ser reformuladas, mas na maioria dos casos elas foram verificadas. As descobertas mais definitivas em psicologia social desde a morte de Lewin, como os três capítulos seguintes tentarão demonstrar, foram operadas a partir de esquemas gestálticos e no interior de projetos de pesquisas-ações em microfenômenos de grupos. O balanço dos dados adquiridos desde Lewin sobre estes três problemas-chave, ou seja, a comunicação humana, a aprendizagem da autenticidade, o exercício da autoridade em grupo de trabalho, estabelecerão concretamente para o leitor a que ponto as intuições de Lewin foram geniais e os caminhos que abriu ricos em promessas de descobertas.

Uma intuição de gênio

As descobertas de Kurt Lewin sobre a comunicação humana são praticamente fruto do acaso. Tais situações já se apresentaram em várias ocasiões desde que os seres humanos tentam trabalhar em grupo. Era necessário o gênio de Lewin, sua capacidade de atenção, de vigilância e de presença nos processos em causa em todo grupo de trabalho, para identificar com tanta perspicácia e penetração o obstáculo fundamental à integração dos agrupamentos humanos e à sua criatividade.

Eis retraçadas e reconstituídas as circunstâncias concretas desta descoberta de Lewin, assim como evocadas pelos seus colaboradores próximos e testemunhas oculares do acontecimento (14), (114). Kurt Lewin conseguira desde alguns meses reunir uma equipe de pesquisadores e com eles organizar seu Centro de Pesquisa em Dinâmica dos Grupos no MIT. Os projetos de pesquisa em andamento eram inúmeros, os recursos financeiros abundantes, o ardor e o fervor ao trabalho evidentes. Todos pareciam altamente motivados e aparentemente partidários sem restrição das hipóteses de Lewin sobre a gênese e a dinâmica dos grupos que juntos tentavam então verificar experimentalmente. Todavia, nos momentos de autoavaliação de seu trabalho, que eles periodicamente realizavam, tinham em várias ocasiões deplorado a falta de integração real da equipe, o ritmo lento e artificial da progressão de seus trabalhos, os poucos recursos inventivos e engenhosos manifestados na exploração dos problemas estudados. Kurt Lewin, que participava fielmente destes encontros de autocrítica, tinha até então falado muito pouco e segundo seu hábito ouviu com uma atenção constante a expressão destas reclamações. Um dia, contudo, no momento em que a autoavaliação parecia mais uma vez concluir-se por uma constatação negativa, Lewin, em um tom modesto, quase se desculpando, como uma sugestão, enunciou a seguinte hipótese: "se a integração entre nós não acontece e se em seguida nossas pesquisas progridem pouco, talvez isto se deva aos bloqueios que existiriam entre nós no nível de nossas comunicações". Hoje a hipótese ou o diagnóstico pode parecer banal. Mas naquele momento era formulada pela primeira vez, e isto depois de todo o tempo que os seres humanos dedicam-se a trabalhar em grupo. Desta hipótese Lewin quis obter uma implicação imediata. "Se minha hipótese é válida, precisamos então questionar nossos modos atuais de comunicação e se for necessário aprender modos mais funcionais de troca entre nós. E isto só será possível, em minha opinião, se aceitarmos manter, paralelamente às nossas sessões de trabalho, encontros em que estaríamos todos juntos, fora de qualquer contexto de trabalho, preocupados apenas em comunicar de maneira autêntica entre nós. Para que esta aprendizagem seja válida, e favoreça realmente a evolução de nossa equipe de trabalho, uma condição me parece essencial: todos devem estar de acordo para participar e ter muita vontade de se aprender a comunicar de maneira adequada".

Pela primeira vez, na história da humanidade, um grupo de homens envolvidos na realização de uma mesma tarefa centrava a autoavaliação de seu trabalho de grupo não no conteúdo de suas discussões e de suas decisões, mas, segundo a expressão de Lewin, nos processos de suas trocas. Como o capítulo seguinte trata da *aprendizagem da autenticidade*, será mais funcional então mostrar tudo o que esta primeira experiência, nunca antes tentada, de sensibilização das relações humanas trazia de implicações para a psicopedagogia do trabalho em grupo. Agora é preciso reter que Lewin e seus colaboradores, assim que consentiram em dialogar, tomaram consciência a que ponto suas relações interpessoais, aparentemente confiantes e positivas, eram deturpadas por não se basearem em comunicações abertas entre eles. Não apenas existiam entre eles e neles fontes insuspeitas de bloqueios, mas estes bloqueios, ao criarem zonas de silêncio, comprometiam até mesmo as comunicações que conseguiam estabelecer entre eles. Estas corriam constantemente o risco de serem filtradas por não se iniciarem em um clima de confiança.

Assim que conseguiram estabelecer as fontes de bloqueio e de filtragem em suas comunicações, suas relações interpessoais evoluíram tornando-se mais autênticas e a integração entre eles pôde acontecer no plano do trabalho. A coesão e a solidariedade resultantes mudaram profundamente a atmosfera de suas sessões de trabalho, que conheceram a partir deste momento ritmos crescentes de produtividade e de criatividade.

Necessidades interpessoais

A experiência empreendida por Lewin e tentada no MIT com seus colaboradores revelou-se então conclusiva. Eles descobriram que o rendimento de um grupo de trabalho e sua eficácia estão estreitamente ligados não apenas à competência dos membros, mas sobretudo à solidariedade de suas relações interpessoais.

Mais tarde, o próprio Lewin (92) e alguns de seus discípulos (17), (31), (33), (42) farão experiências sobre este fenômeno para retirar as implicações desta descoberta. Mas quem fará avanços na exploração e na análise da dinâmica dos grupos de trabalho será o psicólogo americano, professor em Harvard, W.C. Schutz. Ele publicou o resultado de seus trabalhos em 1958 em um livro que incluiu ao mesmo tempo uma teoria dos comportamentos interpessoais e um instrumento desenvolvido e por ele validado que permite avaliar sua qualidade funcional (137).

O que se deve reter aqui e que marca um progresso notável sobre as teorias esboçadas por Lewin, e que se baseavam apenas em dados necessariamente provisórios naquele momento, são os esclarecimentos que Schutz oferece sobre a interdependência e a estreita correlação existente em todo grupo de trabalho entre seu grau de integração e seu nível de criatividade. Mas onde Schutz inova realmente é com sua teoria das *necessidades interpessoais*. Por meio deste conceito, Schutz deseja especificar o seguinte: os membros de um grupo só consentem em se integrar a partir do momento em que certas necessidades fundamentais são satisfeitas pelo grupo. Estas necessidades, para Schutz, são fundamentais porque todo ser humano que se reúne a um grupo, qualquer que seja ele, as experimenta, ainda que em graus diversos. Por outro lado, estas necessidades, segundo ele, são interpessoais no exato sentido de que é apenas em grupo e pelo grupo que elas podem ser satisfeitas adequadamente.

Depois de longas e sistemáticas pesquisas, Schutz consegue identificar como fundamentais três necessidades interpessoais. Segundo ele seriam as seguintes: a necessidade de inclusão, de controle, de afeição. O que ele compreende por estes três termos?

1) Schutz define a necessidade de *inclusão* como a necessidade que experimenta e sente todo membro novo de um grupo de se perceber e de se sentir aceito, integrado, totalmente valorizado por aqueles aos quais ele se junta. Por isso ele tenta, segundo as modalidades determinadas pelo conjunto de variáveis individuais, verificar seu grau de aceitação, buscando provas de que não é ignorado, isolado ou rejeitado por aqueles que percebe como os preferidos do grupo. É principalmente no momento das tomadas de decisão, observa Schutz, que esta necessidade procura ser satisfeita da maneira mais imperiosa. Um membro sente-se definitivamente incluído no grupo quando se percebe participando totalmente de cada uma das fases do processo de tomada de decisão. Esta necessidade é, portanto, a expressão do desejo experimentado por todo membro de um grupo de possuir um *status* positivo e permanente no interior do grupo, em não se sentir em nenhum momento à margem do grupo.

Segundo o grau de maturidade de cada indivíduo, segundo seu nível de socialização, a necessidade de inclusão condicionará e determinará atitudes em grupos mais ou menos adultas, mais ou menos evoluídas. Os indivíduos menos socializados buscam se incluir no grupo adotando atitudes de *dependência* sobretudo em relação aos membros com *status* privilegiado. Este é o caso dos membros socialmente infantis. Por outro lado, aqueles que não superaram a fase de revolta típica da adolescência estão inclinados a se impor ao grupo por meio de atitudes de *contradependência*, forçando assim sua inclusão no grupo. Enfim, os indivíduos mais socializados, segundo Schutz, são os únicos que encontram em suas relações interpessoais cada vez mais positivas uma satisfação adequada à sua necessidade de inclusão ao adotar em relação aos outros membros do grupo atitudes ao mesmo tempo de autonomia e de *interdependência*.

2) Para Schutz, a necessidade de *controle* consiste, para cada membro, em definir para si mesmo suas próprias responsabilidades no grupo bem como as de cada um com quem ele constitui grupo. É, em outras palavras, a necessidade que experimenta cada novo membro de se sentir totalmente responsável por aquilo que constitui o grupo: suas estruturas, suas atividades, seus objetivos, seu crescimento, suas superações. O grupo ao qual ele adere, ao qual pertence, está sob controle, e de quem? Quem tem autoridade sobre quem, o que e por quê? É para responder a estas questões que todo membro recente procura indícios e critérios que pouco a pouco o tranquilizem e o levem a extrair de modo articulado as estruturas do grupo e as linhas de autoridade.

Todo membro de um grupo deseja e sente a necessidade de que a existência e a dinâmica do grupo não escapem totalmente ao seu controle. Conforme, mais uma vez, seu grau de socialização, esta necessidade se expressa e tenta se satisfazer de maneira mais ou menos evoluída. Os menos socializados, aqueles que no plano da inclusão rapidamente se mostravam dependentes, darão prova de atitudes infantis ao expressar sua necessidade de controle. Tenderão a se eximir de qualquer responsabilidade e a se submeter aos outros, àqueles que percebem como dotados de poder carismático. Eles adotam então atitudes que Schutz qualifica de *abdicadoras*. Aqueles que se percebem rejeitados e mantidos à margem das responsabilidades no grupo tenderão a cobiçar o poder e, se necessário, a desejar assumir sozinhos o controle do grupo. Estes últimos adotam em grupo, toda vez que responsabilidades lhes são confiadas, atitudes de *autocratas*. Alguns até mesmo chegam a ambicionar a responsabilidade última e absoluta do grupo. Os mais socializados, enfim, aqueles capazes de mais maturidade social, tendem a se mostrar *democratas*, isto é, a pensar e a desejar o controle do grupo em termos de responsabilidades compartilhadas.

3) A terceira e última necessidade interpessoal, considerada como fundamental para Schutz em toda dinâmica de grupo, é a necessidade de *afeição*. Este termo não é muito feliz, dando margem em várias ocasiões às ambiguidades e aos equívocos. A necessidade de afeição, que sentem em diversos graus e segundo modalidades diferentes ou mesmo opostas os indivíduos que devem ou querem viver ou trabalhar em grupo, consiste, segundo Schutz, em querer obter provas da total consideração aos olhos do grupo. Em outros termos, é o desejo secreto para todo indivíduo em grupo de ser percebido como insubstituível no grupo: cada um buscando coletar os indícios conclusivos ou convergentes de que os outros membros não poderiam imaginar o grupo sem ele. Não apenas aquele que se junta a um grupo aspira a ser respeitado ou estimado por sua competência ou por seus recursos, mas a ser

aceito como pessoa humana, não apenas pelo que tem, mas também pelo que é.

Mais uma vez, segundo Schutz, a expressão desta necessidade de afeição está fortemente condicionada e determinada pelo grau de maturidade social do indivíduo que a sente em grupo. Alguns, os mesmos que rapidamente se mostravam dependentes no plano da inclusão e abdicadores em relação ao controle, tentam satisfazer suas necessidades de afeição nas relações privilegiadas, exclusivas e muitas vezes possessivas. Eles adotam então atitudes infantis, esperando ser percebidos e aceitos no papel de criança mimada e paparicada do grupo, aspirando assim somente receber. Desejam secretamente estabelecer em grupo relações *hiperpessoais*. Aqueles que, ao contrário, se percebem rejeitados ou ignorados pelo grupo cedem aos mecanismos que os psicanalistas geralmente chamam de mecanismos de formação reacional. Eles adotam, como reação de defesa contra as necessidades de afeição que sentem, atitudes adolescentes de aparente indiferença ou de frieza calculada. Preconizam, quando não exigem, relações unicamente formais e estritamente funcionais entre os membros. Não querem ou não podem nem dar nem receber. Por isso se esquivam de qualquer tentativa de estabelecer a solidariedade interpessoal em uma base mais profunda de amizade. Mascaram sistematicamente sua necessidade de afeição e mostram-se como *hipopessoais*. Enfim, os mais altruístas, os mais socializados, não obedecem nem a mecanismos de defesa, nem a mecanismos de compensação. Aspiram a ser aceitos totalmente e, portanto, a ser apreciados pelo grupo pelo que são. Mas esta necessidade de afeição encontra neles plena satisfação nos vínculos de solidariedade e de fraternidade que se atam entre eles e os outros membros do grupo. São os únicos que, pois se tornaram capazes tanto de dar quanto de receber afeição, estabelecem suas relações em um nível autenticamente *interpessoal*.

Expressão de si e trocas com o outro

As teorias de Schutz sobre as necessidades interpessoais marcam um nítido progresso sobre algumas das descobertas de Lewin. Schutz, entre outros, conseguiu nos explicar experimentalmente o que Lewin percebera de maneira intuitiva, ou seja, como e por que um grupo que não terminou sua integração é incapaz de criatividade duradoura. Por outro lado, Schutz não soube avançar para além do nível das relações interpessoais. Ele diagnosticou de forma conveniente e não sem mérito, com a ajuda de instrumentos por ele validados, que há equação entre a integração de um grupo, a solidariedade interpessoal de seus membros e a satisfação em grupo e pelo grupo das necessidades de inclusão, de controle e de afeição de seus membros. Vejamos o que lhe escapou e que Lewin muito justamente intuíra antes dele: as relações interpessoais não podem se tornar mais positivas, mais socializadas e o grupo se integrar de maneira definitiva enquanto subsistirem entre os membros fontes de bloqueio e de filtragem em suas comunicações. A gênese de um grupo e sua dinâmica são determinadas, em última análise, pelo grau de autenticidade das comunicações que se desencadeiam e se estabelecem entre seus membros. Já está estabelecido que é apenas em um clima de grupo em que as comunicações são abertas e autênticas que as necessidades interpessoais podem encontrar satisfações adequadas. O grande mérito de Lewin foi, assim que fez esta descoberta, centrar suas próprias pesquisas no MIT na comunicação humana (86), (89), (90), (92), (95), (105). A partir de então, os teóricos e práticos da dinâmica dos grupos continuaram orientando sistematicamente seus trabalhos e suas observações para este problema com o objetivo de possuir uma compreensão sempre mais científica (3), (5), (12), (17), (33), (116), (121), (126), (136). São inúmeros os dados adquiridos graças a este esforço combinado e prolongado. Todos têm como eixo a expressão de si na troca com o outro: como comunicar com o outro para que o diálogo se inicie. Aqui estão os dados:

1) A explicação científica da *natureza da comunicação humana* data das descobertas da cibernética. Foi no MIT que elas aconteceram em estreita colaboração com o Research Center for Group Dynamics. Elas tiveram início quando o próprio Lewin ainda vivia e continuaram após sua morte com a ajuda de um dos mais brilhantes de seus discípulos: A. Bavelas. Pouco a pouco se tornou possível definir o que é essencialmente a comunicação humana. Ela só existe verdadeiramente quando um *contato psicológico* se estabelece entre duas ou várias pessoas. Não basta que pessoas com desejo de comunicação se falem, se ouçam ou mesmo se compreendam. É preciso mais. A comunicação humana entre elas existirá assim que e pelo tempo que conseguirem se reunir.

2) As pesquisas assinaladas mais acima permitiram distinguir entre vários *tipos de comunicação humana*. A comunicação varia segundo os instrumentos utilizados para estabelecer o contato com o outro, segundo as pessoas em processo de comunicação, segundo, enfim, os objetivos almejados.

a) Os instrumentos

Quanto aos *instrumentos* empregados, a comunicação pode ser *verbal* se, para iniciar e estabelecer o contato com o outro, alguém utiliza a linguagem oral ou escrita. A comunicação verbal é a mais frequente, a mais habitual, pelo menos no Ocidente. Entre os povos latinos, sobretudo, ela tende a se tornar o instrumento preferido, ou mesmo exclusivo de comunicação com o outro.

Todo recurso a outro instrumento, que permite ou favorece o contato com o outro, é classificado sob o termo genérico de *comunicação não verbal*. Faz parte deste tipo de comunicação os gestos, as expressões faciais, as posturas. Mesmo os silêncios e as ausências no interior de certos contextos podem se tornar significativos e carregados de mensagens para o outro, pois, de acordo com as situações, ora eles podem ser percebidos pelo outro como expressões de coragem, ora, ao contrário, como recuos ou covardias.

Comunicação verbal e comunicação não verbal nem sempre estão sincronizadas e sintonizadas no mesmo indivíduo. O não verbal algumas vezes está em dissonância com o verbal, trai o eu íntimo que o verbal tenta camuflar. Talleyrand não aconselhava aos diplomatas: "as palavras nos foram dadas para ocultar nossos pensamentos". Gestos bruscos, rudes, acompanham algumas vezes palavras melosas, açucaradas que dissimulam mal um estado de irritação interior.

Como integrar então o verbal e o não verbal em uma mesma comunicação? Sobre este ponto preciso algumas descobertas recentes mostram-se decisivas para nossa compreensão da autenticidade nas comunicações humanas. A comunicação humana que pretende ser exclusivamente verbal corre o risco de se intelectualizar, de se tornar cerebral. Por outro lado, a comunicação que desejasse se dissociar de todo recurso à linguagem seria dificilmente inteligível para o outro, por não se acompanhar de uma simbolização na expressão de si. No Ocidente, a dinâmica dos grupos, a partir de Kurt Lewin, contribuiu muito para revalorizar a comunicação não verbal e a expressão corporal de si. Ela conseguiu estabelecer que apenas uma comunicação ao mesmo tempo verbal e não verbal tem chance de ser adequada. A integração funcional e orgânica destes dois modos de expressão de si choca-se, principalmente no plano não verbal, contra tabus e interditos coletivos ou ainda contra resistências emotivas cuja fonte é muitas vezes a personalidade profunda do indivíduo em questão. E como o capítulo seguinte tentará descrever, cada um por sua conta deve descobrir e adotar modos de expressão não verbal de si que sejam, neste momento de seu devir e do devir de suas relações com o outro, ao mesmo tempo aceitáveis para ele, aceitáveis para o outro e aceitáveis no contexto cultural em que esta relação interpessoal se insere e se atualiza. Esta integração não pode nunca ser considerada como definitivamente estabelecida. Para permanecer funcional ela exige constantes questionamentos, uma capacidade jamais atrofiada de aprendizagem, flexibilidade, autonomia e uma grande liberdade interior.

b) As pessoas

Quanto às *pessoas* implicadas, é preciso distinguir entre *comunicação a dois* ou comunicação de grupo. As comunicações a dois podem ser *pessoais*, quando constituem um encontro entre dois seres que se percebem em relações de reciprocidade ou de complementaridade, como na amizade, no amor ou na fraternidade. Quando esta comunicação é autêntica acaba sendo duradoura e aspira à permanência. Mas as comunicações a dois podem ser não menos autênticas mesmo permanecendo provisórias. É o caso das comunicações a dois chamadas *profissionais*. O profissional consultado e a pessoa consultante estabelecem entre eles comunicações verticais: o profissional dá, o consultante recebe. O primeiro tem o dever de dar prova de competência e de consciência, o segundo possui direitos a serviços profissionais adequados. Este tipo de comunicação entre duas pessoas, por causa da sua própria natureza, só poderia ser temporária e provisória simplesmente porque leva o consultante a evoluir e a torná-lo autônomo em relação ao profissional consultado.

As comunicações de grupo podem ser distinguidas entre comunicações *intragrupo*, e então se estabelecem entre os membros de um mesmo grupo, e comunicações *intergrupais*, e neste último caso dizem respeito aos contatos e às trocas entre dois ou vários grupos.

c) Os objetivos

Quanto aos *objetivos*, deve-se distinguir entre comunicação consumatória e comunicação instrumental. A *comunicação consumatória* tem como objetivo exclusivo a troca com o outro. Ela pode se revestir das formas prosaicas: "falar por falar" ou adotar formas evoluídas, como o caso do espírito criador que, habitado por um sonho interior, sente a imperiosa necessidade de fazer com que o outro participe de seu universo pessoal. Mas quaisquer que sejam as modalidades pelas quais ela se manifesta, a comunicação consumatória é sempre acompanhada de gratuidade e de espontaneidade.

A *comunicação instrumental*, ao contrário, é sempre utilitária e comporta sempre segundas intenções. A troca com o outro é buscada, iniciada e estabelecida para fins de manipulação, mais ou menos confessáveis. Como as mensagens publicitárias ou ainda os *slogans* da propaganda política. Na comunicação consumatória o outro é percebido como um sujeito ao encontro de quem se vai e com quem se deseja comunicar; na comunicação instrumental o outro é percebido como um objeto a ser explorado, seduzido ou enganado com o objetivo de garantir alguns ganhos ou saciar alguns apetites.

Algumas implicações podem desde já ser extraídas sob forma de teoremas:

1) Quanto mais o contato psicológico se estabelece em profundidade, mais a comunicação humana tem chances de ser autêntica.

2) Quanto mais a expressão de si souber integrar a comunicação verbal e a não verbal, mais a troca com o outro terá chances de ser autêntica.

3) Quanto mais a comunicação se estabelecer de pessoa a pessoa para além dos personagens, das máscaras, dos *status* e das funções, mais ela terá chances de ser autêntica.

4) Quanto mais as comunicações intragrupos forem abertas, positivas e solidárias, mais as comunicações intergrupais terão as chances então de serem autênticas e de não servir de evasão ou de compensação a uma falta de comunicações internas em seu próprio grupo.

5) Quanto mais as comunicações humanas forem consumatórias (isto é, encontros de sujeito a sujeito), menos serão instrumentais (isto é, manipulações do outro), terão então mais chances de se tornar alocêntricas e ao mesmo tempo autênticas.

Vias de acesso ao outro

As *distâncias físicas* entre os seres e entre os agrupamentos humanos foram quase abolidas pela tecnologia moderna, sobretudo depois das descobertas inesperadas da eletrônica. Hoje é possível entrar em comunicação com o outro à distância, graças aos *meios de comunicação*. Estes últimos tornaram-se mais e mais potentes, mais e mais adequados, a tal ponto que agora, no planeta Terra, existem cada vez mais seres humanos próximos fisicamente uns dos outros.

Mas a comunicação humana não pode se iniciar nem se estabelecer enquanto subsistirem *distâncias psicológicas* a ultrapassar entre aqueles que querem entrar em comunicação. A dinâmica dos grupos, sobre este ponto preciso, multiplicou as pesquisas tanto enquanto Lewin vivia quanto depois. Os dados adquiridos assim permitiram definir operacionalmente os pré-requisitos e os pressupostos a toda comunicação humana. É um pré-requisito para quem quer entrar em comunicação perceber e identificar as vias de acesso ao outro, tomá-las e nelas se engajar. As vias de acesso ao outro foram chamadas *canais de comunicação*. Não basta, todavia, saber como aceder ao outro, mas também quando ele pode ser ou tornar-se receptivo às mensagens que lhe são dirigidas. Perceber objetivamente os momentos psicológicos e os tempos de receptividade no outro é uma arte que poucos seres humanos conseguem dominar definitivamente e que supõe capacidades de empatia excepcionais.

Alguns canais de comunicação são *formais*, oficiais, articulados. Nestes casos, o outro só se torna acessível para nós por vias nitidamente definidas, cujas entradas são reguladas por um procedimento mais ou menos rígido. Como o protocolo que devemos respeitar para entrar em contato com as pessoas importantes deste mundo ou os personagens-chave de alguns meios organizados. Quanto maior for a disparidade de *status* entre os dois interlocutores, mais aquele cujo *status* é inferior deverá se preocupar em perceber por quais vias formais poderá aceder àquele cujo *status* é privilegiado. Outros canais de comunicação são *espontâneos*. É o caso de interlocutores entre os quais as comunicações são abertas, confiantes e que se percebem constantemente acessíveis um ao outro. Enfim podem existir canais de comunicação *clandestinos*. Eles aparecem cedo ou tarde nos meios organizados em que a autoridade se exerce de forma autocrática. Cedo ou tarde, para sobreviver aos caprichos do poder, aqueles que devem viver ou trabalhar em semelhantes contextos dedicam-se a descobrir ou a estabelecer com a autoridade absoluta contatos não oficiais a fim de se manterem nas boas graças ou em vida.

Canais e meios de comunicação constituem uma *rede de comunicação* toda vez que são estruturados e articulados de modo a tornar aqueles que estão agrupados no interior de um determinado meio acessíveis uns aos outros. Em uma rede, meios e canais estão religados entre si e interdependentes. Segundo o grau de organização ou de estratificação do meio, aqueles que ali trabalham ou ali vivem terão uma consciência mais ou menos explícita das vias e das direções que devem tomar para aceder ao outro e se comunicar uns com os outros.

Relações igualitárias e relações hierarquizadas

Quanto mais as vias de acesso ao outro são espontâneas, e menos os canais de comunicação são formais, mais a comunicação com ele tem chance de se tornar adequada e autêntica. Esta conclusão está na origem dos trabalhos do especialista em dinâmica dos grupos, A. Bavelas, já citado, sobre os diversos tipos de redes de comunicação (12).

Bavelas conseguiu isolar quatro tipos distintos de redes de comunicação, definir cada um deles operacionalmente, e então determinar exatamente em que situações de grupo elas se originam e se articulam. De fato, estes quatro tipos de redes não podem ser observados senão em grupo e em grupo de trabalho.

1) Duas destas quatro redes são definidas como *horizontais*. E têm de específico o seguinte: estes dois tipos de redes não podem aparecer nem se estabelecer senão em clima de grupo igualitário, isto é, unicamente no interior de grupos em que cada indivíduo se percebe como membro integral, desfrutando de um *status* de perfeita igualdade em relação aos outros membros.

   a) Bavelas nomeia a primeira destas duas redes horizontais de *rede em círculo*. Segundo ele, é a rede perfeita, que só pode existir nos grupos onde as estruturas de trabalho e de poder são verdadeiramente democráticas. Vejamos as razões. Para o líder democrático, com efeito, exercer a autoridade consiste essencialmente em se tornar ao mesmo tempo um catalisador e um coordenador para o grupo, isto é, preocupar-se constantemente em abrir e manter abertas as comunicações entre todos os membros. Assim, pouco a pouco todos se tornam acessíveis a todos e a integração dos membros pode então realizar-se sobre uma base de complementaridade e não de subordinação.

   b) A segunda rede horizontal nomeia-se a *rede em cadeia*. Ela é típica dos grupos "deixem-fazer", em que a autoridade se exerce de maneira indulgente. O líder sendo passivo, recusando-se a assumir seus papéis e suas responsabilidades, as comunicações só se estabelecem ao sabor das afinidades ou das atrações aparentadas entre os membros. Fatalmente alguns membros se encontram excluídos ou se tornam marginais às interações que acontecem no grupo. Uma vez que a integração do grupo não consegue se realizar, nem criar a solidariedade entre os membros, as comunicações não conseguem se tornar funcionais e então são constantemente acompanhadas de equívocos e de ambiguidades, e por esta razão deturpam as relações interpessoais e comprometem a criatividade do grupo.

2) Bavelas chama as outras duas de *redes verticais*. Elas podem ser observadas nos grupos de trabalho em que as relações interpessoais são hierarquizadas, as linhas de autoridade definidas de maneira piramidal: no topo da pirâmide a autoridade máxima se exerce de maneira absoluta. As relações entre os membros são hierarquizadas na medida em que se traduzem em termos de subordinação e de dominação. Os *status* respectivos dos membros estabelecem nitidamente em termos de funções, de direitos, de privilégios, de prestígio, quem tem autoridade sobre quem, em quê e por quê.

a) Bavelas nomeia a primeira rede vertical a *rede em y*. Este tipo de rede caracteriza as comunicações no interior de um grupo aparentemente democrático em vias de se tornar autocrático. As comunicações se fecham, de abertas ou espontâneas tornam-se artificiais, pois alguns membros conscientizam-se de que um dentre eles dedica-se a tomar o controle do grupo, cobiçando para ele o poder absoluto.

b) Enfim existe uma segunda rede vertical nomeada *rede em roda*. Esta rede é específica dos grupos autocráticos no interior dos quais a autoridade está concentrada nas mãos de apenas um, que a exerce de maneira arbitrária e segundo seu prazer. Ele controla todas as comunicações entre os membros. Por isso a comunicação não apenas se estabelece de maneira vertical entre a autoridade e os membros, mas muito cedo tende a se traduzir por mensagens de sentido único, a comunicação existindo na maioria das vezes apenas de cima para baixo.

O que concluir e o que retirar como implicações? Os dados adquiridos por Bavelas, não se deve esquecê-lo, só são válidos e eficazes para os grupos de trabalho. Por outro lado, parece demonstrado que, neste contexto muito preciso, quanto mais a autoridade se exerce de maneira democrática, mais o clima de grupo se torna e se mantém igualitário e, consequentemente, mais as comunicações tornam-se e permanecem abertas entre os membros. Enfim, parece definitivamente estabelecido que é apenas em um clima de comunicações abertas que a integração de um grupo de trabalho pode se realizar e seus membros aceder aos ritmos de criatividade duradouros.

Componentes essenciais

A quem deseja entrar em comunicação com o outro, é pré-requisito que tenha sabido perceber e identificar as vias mais seguras de acesso e, se for preciso, tenha reduzido ou abolido, graças aos meios funcionais e adequados, as distâncias físicas entre ele e o outro. Mas a comunicação só se estabelecerá em seguida se um emissor e um receptor conseguirem transmitir uma mensagem com a ajuda de um código e segundo as modalidades adaptadas aos fins desejados. Desde Kurt Lewin, a dinâmica dos grupos definiu assim os cinco componentes essenciais para toda comunicação humana (25), (101), (106), (136).

1) O *emissor* é aquele que toma a iniciativa da comunicação. Ele deve ser capaz de perceber e de discernir quando, em que e como o outro lhe é acessível. Enfim, ele deve poder transmitir sua mensagem em termos que sejam inteligíveis para o outro. Assim, seus comportamentos e suas atitudes ao longo da comunicação devem, para ser funcionais, obedecer às leis psicológicas da motivação, da percepção e da expressão.

2) O *receptor* é aquele a quem se dirige a mensagem. Ele a captará na medida em que estiver psicologicamente sincronizado e sintonizado ao emissor. Além do mais, se quiser favorecer o contato iniciado pelo emissor, deverá estar psicologicamente aberto ao outro. Ou então corre o risco de ouvir a mensagem, ou mesmo compreendê-la, mas não captá-la ou registrá-la. As leis psicológicas que fazem de um indivíduo, ao longo de uma comunicação, um receptor adequado são em primeiro lugar as leis da motivação, depois da percepção e enfim as leis da impressão.

3) A *mensagem* constitui o conteúdo da comunicação. Se for unicamente uma informação, trata-se de uma mensagem *ideacional*. Se, ao contrário, expressa um sentimento ou um ressentimento, é uma mensagem *afetiva*. Conforme então for positiva ou negativa, estará carregada de ternura ou de agressividade. Ela pode enfim comportar elementos ao mesmo tempo inte-

lectuais e afetivos. A mensagem é neste caso chamada *vital*, pois quer transmitir uma informação de importância julgada vital para o receptor.

4) O *código* é constituído pelo grupo de símbolos utilizados para formular a mensagem de forma que ela adquira um sentido para o receptor. A linguagem, escrita ou oral, é, sem dúvida, o código utilizado com mais frequência. Mas a música, a pintura, a escultura, a dança, a mímica, o teatro, o cinema, a televisão também são códigos que nos permitem transmitir mensagens. Os códigos audiovisuais são incontestavelmente os mais adequados realizados pela técnica moderna.

A dinâmica dos grupos ensinou a distinguir entre código público e código secreto. O emissor recorre a um *código público* quando deseja que sua mensagem seja captada pelo maior número possível de receptores. Ele utiliza um conjunto de símbolos inteligíveis por todos aqueles que deseja alcançar. Se sua mensagem, ao contrário, é apenas destinada a uma pessoa ou a algumas pessoas, ele deve utilizar um *código secreto* de maneira a cifrar sua mensagem em termos inteligíveis apenas pelos receptores em posse da chave que lhes permite decifrar o sentido da mensagem.

5) *Destaque ou camuflagem*: o quinto componente essencial para toda comunicação humana consiste no conjunto das decisões que o emissor deve tomar, antes de entrar em comunicação, quanto ao conteúdo da mensagem e quanto ao código utilizado. Assim ele deve decidir sobre o modo de apresentação, a tonalidade afetiva, a ordem da apresentação da mensagem. Se utilizar um código público, para melhor atingir e encontrar seus interlocutores, ele se dedicará a destacar a

mensagem emitida. Como a encenação no teatro, a técnica do primeiro plano na televisão, a orquestração na ópera. Se, ao contrário, o emissor usar um código secreto, deverá camuflar sua mensagem de maneira a torná-la imperceptível e indecifrável a todos aqueles aos quais ela não se destina.

Bloqueios, filtragens e ruídos

Quando a comunicação é mal-estabelecida ou não se estabelece entre pessoas ou entre grupos, acabam resultando alguns fenômenos psíquicos. Eles foram observados e estudados sistematicamente pelos pesquisadores da dinâmica dos grupos. Vejamos como conseguiram defini-los (12), (14), (25), (33), (75), (90), (136).

Quando a comunicação é interrompida completamente, existe o *bloqueio*. Por outro lado, quando é comunicada apenas uma parte daquilo que os interlocutores sabem, pensam ou representam, a comunicação subsiste, mas é acompanhada de *filtragem*.

Bloqueios ou filtragens podem ser *provisórios*: alguns autores falam então de pane, bruma, nevoeiro, nebulosidade, baixa visibilidade entre emissor e receptor ou ainda de *ruído*. Os bloqueios provisórios, de forma paradoxal à primeira vista, parecem comprometer menos a evolução da comunicação do que as filtragens provisórias. E eis a razão. Quando acontece um bloqueio, ele obriga os interlocutores a questionar suas comunicações e muitas vezes lhes permite reatá-las e restabelecê-las em um clima mais aberto e sobre uma base mais autêntica, depois de terem se conscientizado sobre o que neles e entre eles representa um obstáculo às suas trocas. Ao passo que em caso de filtragem, porque a comunicação subsiste quando a confiança diminui, ela tende a ser acompanhada de cada vez mais reticências e restrições mentais e assim se degradar e degenerar em trocas de mensagens cada vez mais ambíguas e equivocadas. Desta forma a comunicação pode se tornar irreversivelmente cada vez mais artificial.

Quando os bloqueios e as filtragens se tornam *permanentes*, o observador vê surgir entre os interlocutores muros ou barreiras psicológicas. Zonas de silêncio se estabelecem entre eles ou no máximo zonas de trocas superficiais que ocultam, quando eles não criam a ocasião, uma proliferação de zonas de conflito e de tensões. As fontes na origem dos bloqueios e das filtragens que estão se cristalizando são na maioria das vezes inconscientes para as pessoas ou grupos cujas comunicações acabam se degradando. Por isso só raramente eles conseguem se libertar e restabelecer por conta própria o contato psicológico rompido ou inexistente com o outro. Parece que apenas uma experiência de natureza catártica poderia torná-los lúcidos e incitá-los a se libertar daquilo que neles, habitualmente, os impede de se comunicar de maneira adequada com o outro.

Qualquer que seja sua duração, os bloqueios e as filtragens perturbam as percepções de si e do outro, deturpam as atitudes e os comportamentos interpessoais. Quando bloqueios e filtragens acontecem em grupo de trabalho, as discussões e as deliberações dão lugar aos afrontamentos dolorosos, muitas vezes agravados por conflitos de prestígio. Logo as decisões tomadas em tal clima são raramente uma expressão de um acordo de grupo e as realizações que se seguem são fatalmente convencionais e estereotipadas. Quanto mais estes bloqueios ou estas filtragens persistem, mais as relações entre colegas ou com o responsável do grupo podem se tornar sistematicamente negativas, deturpadas por mal-entendidos, por equívocos ou ressentimentos que aparecem como irredutíveis.

Perturbações e distorções provisórias

Os mesmos pesquisadores que conseguiram definir operacionalmente em que consistem os fenômenos de bloqueio e de filtragem na comunicação preocuparam-se em identificar suas fontes mais frequentes. Logo eles descobriram que algumas causas de bloqueio e de filtragens podem estar em ação em toda comunicação humana, ao passo que outras são específicas de certos contextos sociais, entre outros os grupos de trabalho estruturados de maneira autocrática. No momento trataremos apenas dos bloqueios e das filtragens que provocam perturbações ou distorções provisórias e temporárias.

Foram identificadas seis fontes possíveis de bloqueios e de filtragens, *comuns* a toda comunicação humana.

1) Do lado do *emissor*, os bloqueios ou as filtragens podem ser causados por *inibições interiores*. A mensagem que deve ser transmitida desperta então lembranças sofridas, não eliminadas ou não assimiladas. É o caso, por exemplo, dos indivíduos cujo passado foi traumatizado. Assim que este passado é evocado, eles se tornam incapazes de comunicar com o outro ou se o fazem é de maneira impessoal, desencorajando então como indiscreta ou mesmo intolerável toda exploração deste tema de sua vida.

2) O emissor também pode experimentar em suas comunicações bloqueios ou filtragens por razões extrínsecas. Ele pode então ser coagido ao silêncio ou reduzido a falar apenas com reticência e circunspecção em razão de *tabus exteriores*. Estes tabus exteriores, expressão mais ou menos explícita de interditos coletivos, de censuras ou de pressões de grupo, o emissor

percebe-os instintivamente ou descobre-os às suas custas. Cedo ou tarde todo ser humano, ao se sensibilizar com seu meio, pode estabelecer por sua conta o inventário do que pode comunicar ao outro em relação aos temas tolerados ou proibidos. Lewin, como já levantado e ressaltado no capítulo anterior, definiu as zonas de trocas acessíveis a cada indivíduo, seu *espaço vital* ou seu espaço de movimento livre (91). Os antropólogos culturais, por sua vez, falam de *joking relationships*. Compreendem com isto a zona de relações interpessoais, variando com cada indivíduo, no interior da qual a comunicação se estabelece sob um modo irônico ou humorístico, em razão dos tabus exteriores. No interior desta zona, alguns temas nunca são evocados. Aqueles que são tolerados o são em termos velados, em um tom brincalhão ou de caçoada. Como as comunicações entre um genro e sua sogra, entre uma nora e seu sogro.

3) Do lado do *código*, os bloqueios ou as filtragens podem ser devidos às *diferenças culturais*. Os mal-entendidos nascem pelo fato dos interlocutores em presença acreditarem gratuitamente que utilizam o mesmo código, quando de fato, por causa de sistemas de valores ou de esquemas de referência diferentes, os símbolos utilizados têm para eles conotações subjetivas ou coletivas distintas ou até contrárias.

4) Do lado do *receptor*, há bloqueio ou filtragem quando ele não capta ou capta mal as mensagens que lhe são dirigidas. Esta falta ou ausência de receptividade pode acontecer por três causas possíveis.

Primeiro o receptor pode demonstrar uma *percepção seletiva*, captando apenas as mensagens que para ele possuem, no exato momento em que são emitidas, ressonâncias afetivas ou implicações pessoais. Ninguém escapa a este fenômeno. Mesmo os seres mais altruístas, mais estabilizados, mais equilibrados mostram-se momentaneamente cíclicos em sua atenção e em sua presença ao outro. Em seus momentos de euforia, somente as mensagens positivas são captadas; ao passo que em seus momentos de decepção tornam-se vulneráveis e hipersensíveis às mensagens negativas. Nestes momentos de elação ou de depressão o ser humano pode muito bem ouvir, ou mesmo compreender, as mensagens que lhe são dirigidas. De fato ele só retém e dá atenção às mensagens com as quais já está emotivamente sintonizado.

5) Excepcionalmente o receptor pode conhecer *estados de alienação* ou porque seu ser está absorvido por uma alegria imensa que o satisfaz, ou porque foi invadido por uma angústia muito forte. Está tão perturbado emotivamente que se torna então incapaz de perceber as mensagens que lhe são dirigidas. Não apenas não compreende, também não ouve mais.

6) Enfim o receptor, em razão do contexto cultural onde foi socializado, pode ter se tornado *sensibilizado exclusivamente* à comunicação verbal ao ponto de não captar ou de captar muito mal as mensagens não verbais que lhe são dirigidas. Os pais e os educadores devem aprender a decifrar as mensagens não verbais, carregadas de tristeza, de apelos ou de expectativas, contidas pelas expressões de rosto dos adolescentes ou das adolescentes que eles procuram ajudar. Aqueles que se dedicam aos cuidados dos doentes, sobretudo dos doentes mentais, devem ter a preocupação de se tornar perfeitamente receptivos às comunicações não verbais de seus pacientes. Se-

não o contato psicológico pode não se estabelecer, e as mensagens emitidas com a ajuda de um código não verbal escapar ao receptor ou lhe parecer ininteligíveis.

Nos grupos de tarefa, cujas estruturas de trabalho e de poder são autocráticas, as redes de comunicações humanas entre o responsável e os membros do grupo tendem, como já vimos, a se hierarquizar de maneira vertical e em sentido único, de cima para baixo. Existem poucos contextos humanos em que os bloqueios e as filtragens não são mais frequentes nem mais carregados de percepções e de distorções tanto no plano das percepções quanto das relações interpessoais. Estes bloqueios e estas filtragens têm duas causas específicas: a hostilidade autista no autocrata, a transmissão seletiva nos membros.

1) A *hostilidade autista* é assim descrita: o autocrata em posse de um poder absoluto sobre os membros de seu grupo regride muito cedo em suas relações com o outro ao ponto de se tornar inconsciente da existência dos outros. Cedo ou tarde seu egocentrismo degenera em autismo, a tal ponto que apenas seu prazer é lei e, para ele, o grupo não tem razão de existir ou de evoluir senão para sua glória. As causas de tais regressões foram longamente analisadas por Lewin e seus discípulos (97). Todas se encaixam no aforismo de Alain:

> O poder torna louco; o poder absoluto torna absolutamente louco.

Para a maioria dos homens, o poder parece ser um vinho demasiado inebriante que lhes sobe à cabeça e fecha seu coração ao outro. Por isso o autocrata, prisioneiro de seu autismo, torna-se, no nível das comunicações com os membros de seu grupo, hiperirritável, respondendo de forma hostil a toda tentativa de torná-lo consciente da existência do outro. Tornou-se inadmissível que outros além dele possam possuir o direito de existir, exceto o de dispor de sua vida para servi-lo e lhe dedicar um culto incondicional.

2) A *transmissão seletiva* explica os bloqueios e as filtragens observados nos membros de grupos autocráticos. Eis como este fenômeno tende a se manifestar. Como o autocrata se reserva toda decisão e assume sozinho o controle das estruturas de poder, acaba desencorajando a liberdade de expressão nos que trabalham ou vivem com ele. Por isso estes últimos, cada vez que captam uma mensagem que exige uma resposta, recusam-se ou esquivam-se, ou no máximo fazem uma seleção, e só transmitem ao autocrata uma parte ou mesmo o contrário do que sabem, pensam ou sentem. Sua única chance de sobreviver no interior de tais estruturas é muitas vezes calar o que sabem e só transmitir aquilo que pode alimentar as bajuladoras ilusões que o autocrata quer manter sobre seu poder e sua popularidade.

Distâncias sociais e barreiras psicológicas

Os bloqueios e as filtragens na comunicação humana tornam-se permanentes e tendem a se cristalizar toda vez que as relações interpessoais são deformadas pelos preconceitos. As distâncias sociais e psicológicas entre interlocutores tendem então a se acentuar e a ser percebidas como irredutíveis. Entre eles abrem-se abismos que parecem intransponíveis; erguem-se barreiras e fronteiras psicológicas que se mostram insuperáveis. O outro é percebido como inacessível: o que se sabe, o que se pensa, o que se sente como incomunicável.

Em que consiste a distância social? É preciso antes distingui-la nitidamente da *distância psicológica*. Esta última é um fenômeno intragrupo e podemos descrevê-la da seguinte forma: o outro é percebido como incompatível. Por esta razão, é mantido à distância e a comunicação com ele é considerada como impossível de ser estabelecida.

A *distância social*, ao contrário, é um fenômeno intergrupal. O outro é mantido à distância, a uma distância intransponível, simplesmente em razão de seu pertencimento a um grupo diferente. Pode se tratar, segundo os casos, de diferenças culturais, diferenças de classe, diferenças de níveis educacionais, de níveis intelectuais ou de níveis de escolarização. O outro é então percebido como se estivesse situado socialmente a uma distância inacessível. De fato ele só é percebido em termos estatísticos: não é um indivíduo irredutível a quem quer que seja, mas o representante de uma classe, de um grupo, de um estrato, possuindo tal *status*, ocupando tal função, despojado assim de seu mistério pessoal.

A distância social, além de ser o resultado de um processo de despersonalização do outro, sempre se origina em uma *percepção vertical do outro*. Conforme o sistema de valores que prevalece no meio, certas funções sociais ou certas atividades humanas são valorizadas. Aqueles que ocupam tais funções ou se dedicam a tais atividades são percebidos de *baixo para cima*. São vistos pelo seu entorno como aureolados de atributos, de privilégios ou de carismas que desencadeiam em seu meio o êxtase ou o encantamento quando não o temor reverencial. Quando, ao contrário, uma função social ou uma atividade humana são julgadas desvalorizadoras em um contexto cultural, os representantes deste nível ocupacional são percebidos pelo meio de *cima para baixo*, com desprezo, arrogância, condescendência ou altivez. Os membros dos outros estratos acabam considerando que seria rebaixar-se consentir em se comunicar de maneira adequada com eles. É fácil imaginar a parte determinante do esnobismo nestas percepções verticais e desvalorizadoras do outro (31).

Distâncias sociais, bloqueios e filtragens permanentes, comunicação humana deturpada ou rompida de maneira definitiva são muitos dos fenômenos que encontram sua origem nos preconceitos. São dos preconceitos que nascem os conformismos e a incapacidade de dialogar com o outro. Os teóricos e os práticos da dinâmica dos grupos foram os primeiros a ressaltá-lo. Graças às pesquisas astuciosas, eles refizeram por sua conta descobertas recentes da psicologia social sobre a natureza dos preconceitos. Eles se preocuparam sobretudo com verificar e tirar as múltiplas implicações destes dados científicos para a compreensão dos obstáculos fundamentais para a autenticidade das comunicações humanas (2), (3), (14), (16), (42), (130). Sobre este ponto preciso as intuições de Lewin, embora superadas, mostraram-se em grande parte de uma notável exatidão e forneceram à pesquisa experimental suas hipóteses mais fecundas (99), (101).

Já estava estabelecido que os preconceitos consistiam em ideias prontas sobre o outro, ideias deturpadas, ideias fixas, na maioria das vezes estranhamente simplistas em relação a alguns indivíduos, alguns grupos que os fazem classificar de antemão, em termos sempre excessivos. Quando são favoráveis, os preconceitos resultam na enfatuação; quando são desfavoráveis, degeneram em intolerância em relação ao outro.

Os preconceitos não são inatos, mas adquiridos. Como então explicar que, mesmo em clima democrático, os seres mais adultos, mais evoluídos sejam tão pouco capazes de trocas autênticas com o outro? É possível reconhecer em primeiro lugar que os preconceitos existem em um grau inquietante, insuspeito. Os melhores, os mais lúcidos, os mais apaixonados pela justiça social, os que mais respeitam o outro, surpreendem-se quando sob a pressão e a coerção do meio cedem a ele. Por outro lado, é certo que alguns seres humanos são mais predispostos do que outros a adquirir preconceitos, mais vulneráveis do que outros ao contágio e à contaminação sociais. Sua personalidade parece estruturada por determinismos tais que estes seres, uma vez seus preconceitos adquiridos, tornam-se incapazes de se libertar deles. Seus preconceitos satisfazem neles necessidades tão mórbidas que mesmo em seus momentos de lucidez apegam-se a eles desesperadamente. A resposta mais satisfatória a estas questões parece ser a seguinte: já se admite considerar o preconceito como um sintoma. Como toda reação neurótica, o preconceito é uma resposta a uma frustração, no caso, uma *frustração social*. Quando provoca ansiedade, a frustração social desencadeia em alguns a ação de três mecanismos de defesa, observáveis em graus diversos em toda expressão de preconceito, a saber: a generalização gratuita, sem provas de apoio; o deslocamento ou a descarga agressiva sobre bodes expiatórios; a racionalização ou a autojustificação. Como no caso da frustração individual, os limites de tolerância à frustração social são mais ou menos elevados. Privados de suas liberdades fundamentais, os seres mais socializados experimentam uma frustração intolerável. É comum então vê-los regredir a um estágio anterior de sua socialização e atacar injustamente o outro, lançando-lhe os mais hostis julgamentos.

Ao contrário, para aqueles que nada ou pouco evoluíram socialmente, a mínima troca livre ou espontânea com o outro é fonte de ansiedade e causa de frustração. Por isso sempre sentem a necessidade inconsciente de perceber negativamente o outro por meio de seus preconceitos para melhor se defender dele e mantê-lo a uma distância segura. Entre estes últimos não se trata de uma *regressão ocasional* a um estágio mais primitivo de sua socialização, mas de uma fixação ou de um *desvio caracterial* de sua evolução social, seu limite de tolerância à frustração social tendo permanecido muito baixo.

O adulto social só cede temporariamente aos preconceitos de seu meio pela *privação de liberdade*. O débil social, ao contrário, continua em permanência prisioneiro de seus preconceitos por *medo da liberdade*. Como em todo neurótico, seus sintomas, no caso seus preconceitos, permitem ao débil social controlar sua ansiedade ou dela escapar sempre que deve enfrentar o outro em zona de livre troca. O preconceito oferece ao seu medo do outro uma calma precária, provisória, mas adquirida de forma tão sofrida que ele se torna incapaz de a ela renunciar e a ela recorre de maneira compulsiva.

Especificamente, em que o *alérgico crônico ao outro* se distingue dos outros neuróticos? Quais são nele as predisposições caracteriais de base que, em uma situação de frustração social, ou em fase ansiogênica, o levam a recorrer violentamente a seus preconceitos para fugir da angústia, contrariamente a outros que, por razões equivalentes, caem na depressão ou se refugiam na obsessão ou simulação histérica? É sobre este ponto específico que as hipóteses de Kurt Lewin, que correlacionam o grau de abertura das comunicações em um meio e o estilo de autoridade que nele prevalece (71), inspiraram de maneira decisiva as pesquisas da psicologia social. Elas demonstraram de forma conclusiva que os seres mais preconceituosos, aqueles que o são em estado caracterial, não de forma situacional, aqueles diagnosticados mais acima como débeis sociais, todos têm uma *personalidade de tipo autoritário*. Externamente são reconhecidos pelos seguintes traços: assim que constituídos como autoridade, usam qualquer pretexto para afirmá-la, para dela abusar da maneira mais arbitrária, tanto grande parece-lhes o medo de perder o domínio sobre aqueles que dirigem. Se, ao contrário, não possuem nenhuma autoridade sobre quem quer que seja, aceder a um *status* de autoridade aparece-lhes então como o bem supremo. Por isso parecem dispostos a recorrer a todas as intrigas ou a demonstrar os mais baixos servilismos para satisfazer sua cobiça de poder, esperando estar enfim aptos para controlar suas relações com o outro e poder manipular os outros de acordo com sua vontade. Para o autoritário, estar como autoridade é a maneira mais segura de escapar ao seu medo do outro.

O autoritário é atingido pela *fobia do outro*. Ele não pode aceitar nem tolerar que os outros sejam diferentes dele. Toda diferença no outro, diferença de idade, de sexo, de cultura ou de religião o perturba e o inquieta. Mas como explicar semelhante deterioração do sentido social? Pesquisas recentes (130) demonstraram, e este é o paradoxo, que o autoritário é um conformista. Ao contrário do psicopata que é um associal ou do revoltado que é um antissocial, o autoritário é um *gregário* cuja socialização não se finalizou. O autoritário nunca atingiu o nível do altruísmo. Sua conformidade social trai seu medo do outro, seu pânico atroz dos mais fortes. Ela não é, como no adulto social, a expressão de seu respeito pelo outro. Passivamente, o autoritário se submete a todas as pressões sociais. Ele adota espontaneamente seus mitos e seus estereótipos. Em grupo, constitui um elemento estático. Favorece a cristalização, a petrificação, a esclerose das estruturas sociais.

Ele se satisfaz com o mais retrógrado *status quo*, o mais reacionário, na medida em que nele se sente integrado e aceito.

O autoritário revela-se à análise como um ser em quem os instintos de simpatia não venceram os instintos de defesa. Seu medo do outro é no fundo um medo de si. Ele se fecha, se isola, recusa-se a todo contato e a toda troca, por causa do vazio de sua vida. É incapaz de doar-se ao outro porque não tem nada para dar, já que nunca conseguiu se possuir. É para camuflar sua impotência e sua esterilidade que lhe é necessário parecer chato, arrogante, intratável com o outro. O autoritário só perderá sua arrogância e deixará cair suas máscaras quando for surpreendido por um abalo coletivo ou desabar sob um trauma pessoal.

Do conjunto destes dados, uma conclusão se impõe: para aceder ao altruísmo e se tornar capaz de abertura em suas comunicações humanas, o ser humano, qualquer que seja seu grau de socialização, deve se libertar desta falsa obsessão de que apenas aqueles que se nos assemelham nos são próximos, e que, para serem fraternos conosco, os outros devem ser idênticos a nós. É o primeiro passo na aprendizagem da autenticidade.

VI
A aprendizagem da autenticidade

Kurt Lewin teve o mérito incontestável de formular em primeiro lugar as três hipóteses seguintes:

1) A integração não poderá se realizar no interior de um grupo e em consequência sua criatividade não poderá se tornar duradoura, enquanto as relações interpessoais entre todos os membros do grupo não forem baseadas em comunicações abertas, confiantes e adequadas.

2) A capacidade de comunicar de forma adequada com o outro, de encontrá-lo psicologicamente e de com ele engajar o diálogo não é um dom inato, mas uma aptidão adquirida pela aprendizagem. Apenas aqueles que aprenderam a abrir-se para o outro e a se objetivar a seu respeito tornam-se capazes de trocas autênticas com ele.

3) É somente consentindo em questionar seus modos habituais de comunicar com o outro e suas atitudes profundas em relação ao outro que o ser humano pode desejar descobrir as leis fundamentais da comunicação humana, seus pré-requisitos e seus componentes essenciais, as condições de sua validade e de sua autenticidade.

Quando formula estas três hipóteses, Kurt Lewin permanece fiel à sua concepção da pesquisa-ação, assim como explicitada no capítulo IV. É ao se tornar ao mesmo tempo agente e objeto de mudança que o ser humano coloca-se em uma perspectiva ideal para extrair e desmontar as leis dinâmicas da mudança que nele se opera e em torno dele. Todavia a aprendizagem da autenticidade interpessoal exige duas condições:

1) A vontade de se questionar e a aspiração de aceder aos modos mais adequados de comunicação com o outro;

2) Um clima de aprendizagem propício ao crescimento e à superação humana.

Lewin, como evocado no capítulo anterior, tentara despertar este apetite e criar este clima convidando seus próprios colaboradores a se encontrarem com ele em sessões de grupo ao longo das quais, abstraindo de suas pesquisas e de seus trabalhos, tentariam aprender a se comunicar melhor entre si.

Primeiros centros de aprendizagem

A experiência de grupo vivida por Lewin e seus colaboradores no MIT situa-se em 1945. Ao longo do verão de 1946, uma segunda experiência foi tentada no *campus* do State Teachers College, situado na cidade de New Britain, Connecticut. Trata-se tipicamente de uma pesquisa-ação, estruturada em conformidade com as opções e os esquemas metodológicos desenvolvidos por Lewin. Três grupos colaboram com este projeto: a Comissão Inter-racial do Estado de Connecticut, um grupo de ação constituído de trabalhadores sociais; o Departamento de Educação do Estado de Connecticut, um grupo de ação também composto de educadores e de professores; e um grupo de pesquisadores do Centro de Pesquisas em Dinâmica dos Grupos do MIT. Ao participar desta experiência, os dois grupos de ação têm como objetivo aprender a assumir suas responsabilidades coletivas de forma mais funcional e mais eficaz. Kurt Lewin e sua equipe de pesquisadores, ao participar desta experiência, pretendem verificar e completar algumas das descobertas feitas por eles no ano anterior sobre os modos de comunicações interpessoais mais próprios para favorecer o funcionamento de um grupo de trabalho.

Os participantes desta experiência são em número de trinta. Mantêm juntos sessões de grupos, que consistem em discussões de grupo e em grupo, ao longo das quais os participantes são iniciados no jogo de troca de papéis, como técnica de desbloqueio em suas comunicações intragrupo. Os temas de suas trocas são quase exclusivamente problemas de estruturas ou de funcionamento experimentados por seus respectivos grupos. Contrariamente à experiência do ano anterior no MIT, a fonte de aprendizagem não é constituída exclusivamente do que acontece – aqui e agora – entre eles como interações e relações interpessoais.

Kurt Lewin, no entanto, recomenda desde o início da experiência manter com seus colaboradores sessões de diagnóstico em que, juntos, tentariam avaliar o que viviam como aprendizagem a fim de acelerar o seu processo entre eles e entre os outros participantes. Estes, no início, não deviam ser admitidos nestas sessões de autoavaliação. Vários participantes dos outros grupos insistiram, todavia, em assistir como observadores a estas sessões. Lewin consentiu de bom grado, percebendo instintivamente que o seu lado de pesquisador com certeza ganharia com isto.

O efeito sobre os participantes-observadores foi inesperado. A possibilidade de ter um constante acesso às avaliações de suas intervenções e de suas interações nas sessões de aprendizagem do dia permitiu-lhes objetivar-se a respeito de seus próprios comportamentos em grupo. Desapareceram sobretudo suas apreensões de serem manipulados por aqueles membros percebidos como experimentadores, assim como suas resistências e suas defesas em relação à aprendizagem em andamento. A partir deste momento tornaram-se capazes de descobrir o que permite às comunicações se estabelecerem em grupo, o que neles e em torno deles pode ser um obstáculo. Assim puderam extrair pouco a pouco as leis essenciais da gênese e da dinâmica dos grupos.

Esta experiência de *New Britain* mostrou-se suficientemente rica em implicações para encorajar aqueles que a viveram a retomá-la no verão seguinte e revivê-la com mais profundidade, a partir de objetivos mais explícitos e mais bem-integrados. O lugar escolhido foi a Gould Academy, um colégio para moças situado na pequena cidade de Bethel, no Maine. Este lugar onde ocorreriam, todos os verões, as sessões de aprendizagem em dinâmica dos grupos, iria se tornar internacionalmente conhecido. Desta vez Lewin conseguira despertar o interesse de vários psicólogos sociais de outras universidades americanas como a Universidade Colúmbia, a Universidade Cornell e a Universidade da Califórnia. Algumas subvenções importantes foram outorgadas pelo Office of Naval Research para financiar este projeto. Infelizmente, Lewin faleceu na primavera de 1947 e privou os organizadores deste projeto de sua melhor inspiração. Foram três dos colaboradores de K. Lewin, K.D., Benne, L.P. Bradford e R. Lippitt, que o substituíram no momento do planejamento da sessão. Ela deveria constituir, estritamente falando, o primeiro ateliê de aprendizagem em dinâmica dos grupos.

Esta sessão durou três semanas. Os participantes viveram sua experiência em dois contextos de aprendizagem distintos. Como no verão anterior, cada participante era membro de um grupo de discussão, onde eram principalmente debatidos os problemas concretos e reais aos quais eram confrontados nos respectivos grupos onde costumavam trabalhar. Cada grupo de discussão contava com um observador encarregado de levantar os incidentes críticos na evolução do grupo e de suas discussões. Além do mais cada grupo de discussão transformava-se, no momento apropriado, junto com seu observador no que os organizadores chamaram de *Basic skills training group* e que poderia ser traduzido por: um "grupo de treinamento ou de formação nas técnicas de base". No BSTG, o observador tornava-se animador, relatando ao grupo suas observações, coletadas em grupo de discussão, depois convidando os membros a realizar uma autoavaliação de seus comportamentos, de suas interações e de seus modos de comunicação. Se necessário, o observador-animador deveria sugerir o recurso ao jogo da troca de papéis, considerado então como a técnica mais válida de aprendizagem da autenticidade, para favorecer assim o questionamento das comunicações existentes e depois a sensibilização às relações interpessoais mais funcionais.

As sessões em dinâmica dos grupos em Bethel, de 1948 a 1955 inclusive, guardaram, com pequenas diferenças, as mesmas estruturas e recorreram aos mesmos instrumentos de aprendizagem, a saber, o grupo de discussão e o BSTG. Foi a partir de 1956 que novas orientações se manifestaram. As sessões tornam-se laboratórios, os participantes são em consequência convidados a experimentar novos tipos de comportamentos em grupo, novos modos de comunicação, novas atitudes fundamentais em relação ao outro. O grupo de discussão como tal é abandonado como contexto de aprendizagem. O BSTG é repensado. Os organizadores dos estágios decidem dissociar a iniciação às técnicas de grupo da sensibilização às relações humanas. O BSTG transforma-se para se tornar por um lado o SG ou *Skill group* no interior do qual os participantes aprendem técnicas de manejo dos grupos e de participação em grupo e, por outro, o TG ou o *Training group* no interior do qual os participantes são convidados, em relação exclusivamente àquilo que se passa entre eles *aqui e agora*, a se ressocializar tornando-se mais abertos ao outro, mais acessíveis e mais receptivos às interações que entre eles se iniciam. A partir deste momento, em Bethel, o TG torna-se o instrumento de aprendizagem fundamental em dinâmica dos grupos, de forma que muito rapidamente o SG, mesmo permanecendo dissociado do TG, será cada vez mais utilizado em função da experiência vivida pelos participantes em TG, e não como fora concebido originalmente por referência aos grupos aos quais os participantes pertenciam.

Esquemas de aprendizagem

Os teóricos e os práticos da dinâmica dos grupos, com algumas poucas exceções, consideram então o *T-Group* como o contexto de aprendizagem mais válido para o ser humano que aspira se tornar autêntico em suas relações interpessoais.

Mas o que é essencialmente o *T-Group*? Gostaríamos de sistematizar aqui o que já pode ser considerado como estabelecido sobre o *T-Group* depois de ser utilizado durante dez anos como a técnica fundamental de iniciação à gênese e à dinâmica dos grupos. Para isto nós nos referimos explicitamente aos trabalhos de J. Ardoino (3), de W.R. Bion (17), de L.P. Bradford, J.R. Gibb e de K.D. Benne (19), de T. Gordon (37), de M. Pagès (121), de A. de Peretti (126), de E.H. Schein e W.G. Bennis (136) e de A.A. Schutzenberger (138). Tentaremos realizar aqui uma síntese do que estes teóricos nos trazem dos dados definitivos sobre o TG, integrando a ela o que nossa própria experiência de profissional da dinâmica dos grupos nos ensinou sobre as condições mínimas e ótimas de validade para que uma experiência em TG desencadeie a aprendizagem da autenticidade interpessoal.

1) Como traduzir *T-Group*. Alguns autores sugeriram "grupo de diagnóstico", outros o "grupo centrado no grupo". Quanto a nós, preferimos a expressão "grupo de formação", com o objetivo de, em primeiro lugar, dissociar nitidamente dinâmica dos grupos e terapia de grupo. E ainda mais, literalmente, o termo *T-Group* deveria ser traduzido por "grupo de treinamento". Mas a expressão "grupo de formação", depois de experimentada, pareceu-nos aquela que comporta as conotações menos equívocas e menos ambíguas para o participante. A maioria dos que se inscrevem em um estágio de dinâmica dos grupos chega até ele com apreensões, mais ou menos fantasiosas, em relação ao que os espera. Uma destas apreensões pode comprometer a validade da experiência. Por isso os profissionais devem se dedicar a derrubá-la o mais cedo possível. Esta apreensão, experimentada por vários, ou mesmo por todos, logo no início de seu estágio é a seguinte: eles temem se colocar à mercê de psicólogos, servir de cobaias entre suas mãos e ser assim manipulados para fins experimentais. Para muitos encontrar-se em grupo de formação parece-lhes menos ameaçador do que participar de um grupo de treinamento ou de diagnóstico. Portanto empregaremos o termo "grupo de formação" toda vez que ao longo deste capítulo se tratar de *T-Group*.

2) Para que uma experiência em "grupo de formação" seja válida é preciso que se estruture em função dos *objetivos* fixados originalmente por Lewin para este instrumento de aprendizagem. Kurt Lewin não desenvolveu de forma definitiva o *T-group*. Mas suas próprias descobertas gradualmente o conduziram a formular desde 1945 três objetivos para uma aprendizagem em relações humanas (99).

1) Oferecer aos participantes uma experiência em grupo restrito, único ambiente no interior do qual as relações humanas de todos os membros podem se estabelecer sobre uma base interpessoal.

2) Oferecer aos participantes uma experiência de grupo centrada na comunicação humana e suas exigências de autenticidade.

3) Oferecer, enfim, aos participantes uma experiência de grupo ao longo da qual suas relações com as figuras de autoridade poderiam evoluir e tornar-se mais autônomas. Os conflitos com a autoridade sendo considerados por Lewin, como ressaltado mais acima, como a fonte mais frequente dos bloqueios e das filtragens de comunicação no interior dos agrupamentos humanos.

Com o tempo, estes objetivos definidos por Lewin definiram-se e ficaram mais claros. Atualmente, eles são apresentados, segundo os autores, em termos que variam, mas no fundo se encontram. Assim, o "grupo de formação" deve conseguir, na opinião de todos, sensibilizar os participantes às relações interpessoais e torná-los então conscientes dos processos psicológicos em ação no funcionamento dos grupos. Este objetivo último a ser atingido confere um sentido ao que pode parecer arbitrário nas estruturas consideradas como essenciais para a validade de uma experiência em grupo de formação.

3) Falar de estruturas a respeito do grupo de formação se presta a equívocos. Pois essencialmente um grupo de formação é uma situação de grupo sem estruturas intrínsecas. Retornaremos a isto mais adiante. Aqui trataremos então apenas de *estruturas extrínsecas*.

a) Quanto à *duração* primeiramente: uma experiência em grupo de formação deve comportar um mínimo de 20 horas de sessões e idealmente 40 horas.

b) Quanto ao *número* de participantes: parece estabelecido que um grupo de formação deve contar com pelo menos 10 participantes, no máximo 20, idealmente de 12 a 15.

c) Quanto à *composição* dos participantes: sobre este ponto, alguns pesquisadores estabeleceram que quanto mais um grupo é heterogêneo mais as possibilidades de aprendizagem aumentam. Sobretudo, quanto mais os participantes vêm de meios de trabalho e de vida diferentes, mais o início da experiência é lento, mas, por outro lado, o clima de grupo pode favorecer comunicações abertas e confiantes entre os participantes. Uma experiência em grupo de formação tentada em meio homogêneo, por exemplo no interior de um mesmo meio de trabalho, pode logo se comprometer pelo temor de eventuais represálias por parte daqueles participantes que reencontram, uma vez a experiência terminada, um *status* de autoridade nesse meio.

d) Quanto ao *contexto espaçotemporal* da experiência: o importante é que o início e o fim da experiência sejam previstos, que os momentos e a duração de cada sessão sejam fixados, que a experiência seja vivida em um mesmo lugar determinado e reservado ao grupo durante toda a experiência.

4) O grupo de formação só é estruturado externamente. Pois essencialmente ele é definido aos participantes como uma situação de grupo sem estruturas internas, sem tarefas a serem realizadas, sem autoridade reconhecida. O grupo de formação não é um grupo de trabalho centrado em uma tarefa a ser realizada; ele não é um grupo de discussão com temas para explorar, problemas para resolver ou debater.

5) Desde o início da experiência os participantes são convidados pelos responsáveis para se perceberem como possuidores de um *status* de igualdade durante o tempo de aprendizagem. Eles devem então derrubar rapidamente suas máscaras e se despojar dos personagens que a sociedade os obriga a representar na vida real. Não estando submetidos a nenhuma autoridade nem coerção por nenhuma estrutura nem pressionados por prazos, eles devem se considerar livres para dispor como quiserem das horas que a experiência durará, tentando se comunicar entre si, para além dos *status*, das funções, das situações privilegiadas que costumam ocupar em seus grupos respectivos, isto é, comunicar entre si de pessoa a pessoa, e não mais de personagem a personagem. Para facilitar este clima de liberdade e de espontaneidade de expressão, alguns práticos da dinâmica dos grupos preconizam até mesmo estabelecer como regra o uso exclusivo dos nomes e a informalidade no tratamento entre os participantes.

6) Os profissionais responsáveis pela experiência (de preferência devem ser dois, de acordo com a opinião da maioria dos autores), contrariamente às expectativas do grupo, devem recusar-se a representar determinados papéis tradicionais e

desencorajar assim toda relação de dependência que o grupo desejaria estabelecer com eles. Estes papéis são os seguintes:

a) Devem recusar-se a assumir o papel de *leadership* do grupo, não fixando tarefas ou sugerindo temas de discussão.

b) Devem recusar-se a se tornar o *conselheiro* do grupo, não orientando o grupo ou o alertando contra alguns obstáculos contrários ou fatais à sua evolução.

c) Enfim, devem recusar-se a servir de *agente de informação* para o grupo, não intervindo por meio dos seminários ou das considerações teóricas.

7) Em contrapartida, os responsáveis pela experiência devem assumir alguns papéis-chave de maneira a criar um clima de crescimento e de aprendizagem. São estes os papéis:

a) Primeiramente devem assumir o papel de *catalisador*, com atitudes de presença ao outro, de respeito pelos ritmos e movimentos psicológicos de cada um, de abertura e de acolhimento a toda tentativa de expressão de si, de tolerância diante das inabilidades sentidas por alguns participantes quando experimentam novos modos de comunicação com o outro. Eles se tornam essencialmente catalisadores para o grupo na medida em que conseguem criar um clima de confiança total entre os participantes. Por seu próprio estilo de intervenção ensinam-lhes a praticar a liberdade de expressão no respeito ao outro.

b) Além do mais, devem se tornar a *consciência e a memória do grupo*. Os responsáveis assumem estes papéis complementares extraindo, assim que o momento lhes pareça indicado, isto é, assim que percebam o grupo como receptivo ou assim que alguns participantes parem de ser defensivos, a significação psicológica daquilo que eles vivem no nível interpessoal. Desta forma, por referência exclusiva ao vivido, os participantes descobrem o que neles, naquele exato momento, representa obstáculo às suas comunicações, isto é, as fontes de bloqueio e de filtragem que os impedem de estabelecer entre eles relações absolutamente autênticas.

c) Mas o papel fundamental que os responsáveis devem aceitar assumir é o de *agente de formação*. É por sua presença profissional nos esforços, nos desejos e nas motivações dos participantes para crescer e se superar no plano de suas relações interpessoais que conseguem deixar os participantes suficientemente tranquilos para que façam os questionamentos que liberam sua tendência fundamental para a atualização de si. Para se tornarem agentes de formação adequados não lhes basta apenas ser tolerantes e tranquilizadores; também precisam, pela qualidade de sua presença verbal e não verbal para cada um dos participantes, tornar-se modelos de autenticidade interpessoal.

Instrumentos e transferências de aprendizagem

As implicações e as possibilidades de aprendizagem oferecidas pela iniciação a algumas técnicas de grupo como "o jogo de troca de papéis" foram rapidamente percebidas e levantadas pelos primeiros teóricos e práticos da dinâmica dos grupos. Desde o primeiro estágio em *New Britain*, realizado quando Lewin vivia, o "jogo de troca de papéis" fora utilizado como técnica de aprendizagem de desbloqueio dos conflitos e das tensões que deturpavam as comunicações entre os participantes.

Somente dez anos mais tarde, no entanto, foi que os responsáveis do National Training Laboratory (NTL) decidiram dissociar, e a iniciação às técnicas de grupo ficou nos S-Group e a aprendizagem da comunicação nos T-Group. Eles formularam então a hipótese de trabalho, logo verificada, que transferências de aprendizagem aconteceriam e que espontaneamente os participantes, no momento de bloqueio em grupo de formação, recorreriam às técnicas adquiridas e aprendidas nos S-Group. Evitando-se assim vários riscos de comprometer a evolução da situação de aprendizagem em grupo de formação. Entre outros, os responsáveis, no interior da mesma situação de grupo, correrem o risco de assumir os papéis ao mesmo tempo diretivos de iniciadores, de demonstradores de técnicas, e papéis não diretivos de catalisadores bem como de memória do grupo, e experimentarem, desta maneira, conflitos de papéis. Estes conflitos de papéis podem ser nefastos para alguns participantes, principalmente aqueles que tentam questionar e trabalhar suas relações com a autoridade. Suas imagens e suas percepções de responsáveis tolerantes e tranquilizadores das quais precisariam para evoluir podem ser perturbadas, pois estes mesmos responsáveis devem se tornar em relação a eles mesmos agentes de informação e de condicionamento no momento da iniciação às técnicas de grupo.

Nos estágios de formação em dinâmica dos grupos, organizados conjuntamente pela seção de Psicologia Social do Departamento de Psicologia da Universidade de Montreal e pela Sociedade Canadense de Dinâmica dos Grupos, esta hipótese de trabalho foi mantida e suas implicações foram exploradas ao máximo. É por isso que agora gostaria de expor de forma articulada, mas deliberadamente esquemática, como nossos estágios são estruturados para favorecerem ao máximo as transferências de aprendizagem.

1) Cada estágio tem uma duração de duas semanas, de dez dias completos mais exatamente, sendo as duas semanas cortadas por um final de semana com 48 horas livres. O número de participantes admitidos é de 60 para cada estágio. Os participantes devem se comprometer a viver a experiência completa em internato, para o mais cedo possível constituir entre eles uma ilha cultural, levantando suas próprias normas e seus próprios valores, fixando-se suas próprias atividades, organizando seus próprios lazeres.

2) Um mínimo de 12 psicólogos profissionais, especializados em dinâmica dos grupos, vive a experiência inteiramente com os participantes, eles também na base de internato. Alguns outros especialistas em dinâmica dos grupos vêm pouco a pouco se acrescentar a este núcleo permanente e encontrar os participantes ou por meio dos seminários teóricos ou por meio das demonstrações de técnicas.

3) Desde o início do estágio, a tônica recai sobre o vivido e os participantes são convidados a se engajar o mais cedo possível na experiência. É em grupos de formação que os participantes passam a maior parte do tempo: de três horas e meia a quatro horas por dia. Os 60 participantes são reagrupados em cinco grupos de formação, de 12 participantes cada um, e cada grupo sob a responsabilidade de dois profissionais.

4) Todo dia os participantes se encontram em grupos de trabalho. Estes são constituídos de sete ou oito participantes. O horário prevê uma sessão de grupo de trabalho de duas horas para cada um dos dez dias do estágio. Estas duas horas são

consagradas à solução de problemas em grupo. Cada sessão é seguida de meia hora de autoavaliação ao longo da qual, com a ajuda de um profissional, os participantes realizam uma autocrítica de seus comportamentos e de suas atitudes em grupo durante as duas horas anteriores. O objetivo das sessões em grupo de trabalho é iniciar e sensibilizar os participantes aos processos do funcionamento de um grupo de trabalho.

5) Em cinco dos dez dias, todos os 60 participantes se encontram, em sessão plenária, para seminários de cerca de 1 hora, que tratam dos temas teóricos como a psicologia do *leadership*, a comunicação humana interpessoal e intergrupal, as barreiras e as fronteiras psicológicas à comunicação humana, os mecanismos psicológicos de discussão, de negociação e de decisão em grupo de trabalho. Os 60 participantes se subdividem em seguida em seis grupos de discussão, cada um com dez participantes e um membro do pessoal como animador, com o intuito de explorar as implicações e as aplicações dos dados científicos.

6) Nos outros cinco dias, os 60 participantes se encontram em sessões plenárias para seminários que tratam do racional de algumas técnicas de grupo como o "jogo de troca de papéis", o sociodrama, a clínica dos rumores, o sociograma de participação, a consulta em díade ou tríade. Estes seminários duram no máximo 45 minutos e são seguidos de ateliês de aprendizagem, no interior dos quais os participantes formam pequenos grupos, mais restritos ainda do que os grupos de trabalho e de discussão. Eles podem assim se iniciar concretamente nestas diferentes técnicas e explorar então de manei-

ra experiencial suas possibilidades bem como as implicações para o trabalho ou a vida em grupo.

7) Para encerrar, todos os dias os participantes veem filmes didáticos, ilustrando de forma audiovisual alguns dados fundamentais sobre a dinâmica e a gênese dos grupos. Alguns longas-metragens são até mesmo utilizados para este fim, como o *Doze homens e uma sentença* com Henry Fonda como intérprete principal. Uma vez assistido o filme, os participantes são convidados a formar pequenos grupos de discussão para trocar entre eles.

8) Os seminários teóricos, os filmes didáticos, as discussões em pequenos grupos têm como objetivo oferecer aos participantes um conjunto coerente de dados científicos sobre a psicologia dos grupos. A assimilação destes dados lhes permite objetivar suas percepções em relação aos fenômenos de grupos, de sua gênese e de sua dinâmica. Eles podem assim se libertar mentalmente de mitos e clichês que poderiam deturpar suas expectativas e suas aspirações em relação ao coletivo e ao social. Por outro lado, a iniciação às técnicas de grupos, sobretudo a esta técnica fundamental que é a solução de problemas em grupo, permite aos participantes adquirir os instrumentos necessários à manutenção dos grupos.

9) Os participantes que se contentassem em completar sua informação científica sobre a psicologia dos grupos e em adquirir o domínio de determinadas técnicas de grupo, sem se engajar mais pessoalmente na experiência, poderiam perder o essencial de uma aprendizagem da autenticidade in-

terpessoal. Pudemos observar em várias ocasiões que os participantes que só se envolviam pessoalmente em grupos de discussão e em grupos de trabalho, estando apenas interessados em enriquecer seus conhecimentos ou em se iniciar nas técnicas, na maioria das vezes retornavam ao seu meio ainda mais intolerantes e manipuladores ainda mais eficazes. Vejamos como: suas novas categorias mentais permitiam-lhes pronunciar sobre seu entorno, em nome da dinâmica dos grupos, julgamentos peremptórios e acentuar assim seu dogmatismo em relação ao outro. Da mesma forma, a aprendizagem de técnicas de grupo permitia-lhes, sob pretexto de uma organização mais funcional, camuflar melhor as manipulações de seu entorno.

10) A experiência nos ensinou: é apenas em grupo de formação que os participantes podem questionar suas atitudes profundas em relação ao outro. Seus comportamentos em grupo só se tornarão mais funcionais, suas relações interpessoais mais autênticas se eles aceitarem e consentirem em crescer e em se superar no plano de suas motivações. Suas percepções podem evoluir e se tornar mais objetivas, suas concepções dos grupos mais científicas, sua habilidade técnica mais eficaz, seus comportamentos em grupo e de grupo, de fato, não deixarão de ser individualistas senão quando sua socialização tiver atingido o estágio do altruísmo. Somente o grupo de formação, presentemente, oferece esta necessária catarse aos participantes que nele se envolvem e se engajam no nível de eu profundo. É principalmente neste campo que as transferências de aprendizagem têm a oportunidade de acontecer. Os participantes descobrem pouco a pouco que os dados científicos com os quais se sensibilizaram ao longo dos seminários, e cujas implicações foram exploradas em grupos

de discussão, servem-lhes de ferramenta mental para assimilar de modo vital o que experimentam em grupos de formação. Da mesma forma as técnicas às quais foram iniciados tornam-se para eles instrumentos preciosos para acelerar suas aprendizagens de comunicação mais adequadas com o outro. Em resumo, é a sua experiência, para alguns a primeira de sua vida, de relações autênticas com o outro vividas em grupo de formação, que gradualmente polariza todas as aprendizagens feitas ao longo do estágio. É em grupo de formação que a integração destas aprendizagens acontece, na maioria das vezes em uma síntese viva, e se expressa por um crescente desejo de autenticidade interpessoal.

11) Nós nos preocupamos, enfim, ao articular o programa e as estruturas de nossos estágios, em favorecer não apenas a transferência das aprendizagens atualizadas durante o estágio, mas também as transferências de aprendizagens para as situações concretas que aguardam os participantes depois do estágio em seu retorno aos seus grupos respectivos.

A passagem do grupo experimental ao grupo real é preparada no penúltimo dia do estágio por meio dos encontros em pequenos grupos entre os participantes e os profissionais responsáveis pela experiência. Para estes encontros um meio dia é reservado no horário, isto é, mais de três horas. Os participantes são convidados a se reagrupar por estratos de ocupação e a explorar com os membros da equipe presentes os meios de transpor, nos grupos reais aos quais pertencem, o que aprenderam ao longo do estágio. Em pequenos grupos, eles também tentam levantar as implicações e as aplicações de sua experiência vivida em referência aos papéis que terão de novamente assumir nos grupos em que deverão se reintegrar após o estágio. Pudemos constatar que ao longo destes encontros a maioria dos participantes busca primeiro elaborar as respostas que esperam trazer às necessidades específicas de seus grupos seja em termos de reestruturação ou de reorientação. A maioria dos participantes, porém, rapidamente concorda que a maneira mais garantida de beneficiar seus respectivos grupos com a experiência que acabam de viver é a de desencadear, por meio de uma presença mais atenta ao outro, climas de grupos mais abertos, mais tolerantes, para tornar as relações interpessoais mais autênticas e assim o trabalho de seu grupo mais criativo.

12) Falta mencionar aquilo que, ao que parece, fomos os primeiros, e durante alguns anos os únicos, a utilizar como instrumentos ao mesmo tempo de tomada de consciência e de transferências de aprendizagem, tanto durante o estágio quanto depois, a saber: submeter os participantes, ao longo do estágio, às sessões de *testes psicológicos*.

Os participantes, ao longo do estágio, devem realizar quatro testes diferentes. Estes quatro testes são semiprojetivos, revelando-nos o eu social do indivíduo, suas atitudes fundamentais em relação ao outro, o sistema de valores que determinam e inspiram seus comportamentos em grupo. Estes quatro testes foram escolhidos com o objetivo explícito de obter um conjunto de dados complementares sobre cada participante. Os seus resultados podem ser comunicados aos participantes de forma sintética e desta maneira constituir para cada um o perfil social de sua personalidade. Estes testes são os seguintes:

a) O RGST

O primeiro teste que os participantes devem realizar desde as primeiras horas do estágio é o de Herbert Thelen, da Universidade de Chicago, o RGST, que pode ser traduzido assim: o "teste das reações às situações de grupo" (113). Este teste consiste em frases que devem ser completadas, todas referindo-se às situações de interações em grupo de trabalho. É essencial para sua validade que ele seja realizado antes do início do estágio, isto é, antes que os participantes sejam mentalmente "contaminados" pelos seminários teóricos sobre "as estruturas e a dinâmica dos grupos de trabalho". Ou então os participantes poderiam completar estas frases apenas com respostas ideais e nada revelar de seus modos habituais de comportamento em grupo.

Ele nos permite saber não talvez o que o participante é habitualmente em grupo de trabalho, mas o que desejaria ser, o que aspira, portanto, a ser em grupo de trabalho. Mais precisamente, este teste permite inferir, por uma análise das respostas, as atitudes funcionais que cada participante pode adotar em grupo de trabalho diante da tarefa e em suas relações interpessoais, tanto no plano horizontal com seus colegas quanto no plano vertical com a autoridade responsável pelo trabalho.

b) O condutor ideal

O segundo teste utilizado é um teste desenvolvido por Thomas Gordon, um dos principais colaboradores de Carl Rogers, e intitulado "o condutor ideal" (37). Este teste consiste em uma série de enunciados sobre o *leadership*. A tarefa consiste em classificar estes enunciados segundo uma ordem prioritária de maneira a estabelecer um perfil das aptidões e atitudes fundamentais a um *leadership* funcional e eficaz. O sujeito projeta assim, segundo a ordem de importância dada a um item e não a outro, sua concepção e sua percepção do *leadership* ideal e, portanto, seus modos preferidos de exercer a autoridade quando lhe é confiada a responsabilidade de um grupo de trabalho. Este teste é administrado no segundo dia antes que os seminários sobre psicologia do *leadership* forneçam aos participantes um sistema de classificação e comprometam assim a validade do teste.

c) *Escala de dogmatismo*

Um terceiro teste chamado "escala de dogmatismo" consiste em um questionário de múltiplas escolhas. Conforme a pessoa concorde ou não com uma filosofia rigidamente sistematizada das relações interpessoais ou intergrupais, explicitada pelos enunciados, ela projeta em que grau o dogmatismo pode deturpar suas comunicações com o outro. Este teste foi desenvolvido por nós a partir dos resultados das pesquisas de M. Rokeach (130) sobre as relações entre o autoritarismo e o conformismo. O seu objetivo é conduzir cada participante a projetar em suas respostas seu sistema de valores e sua filosofia da autenticidade interpessoal. Ele nos revela assim o que Kurt Lewin chamava as atitudes fundamentais em relação à mudança social. Será que ele dá provas, em relação à evolução dos grupos dos quais faz parte, de rigidez, de fluidez, de elasticidade ou de flexibilidade? Este teste é administrado ao longo da primeira semana do estágio.

d) O sociograma

Um quarto teste, "O sociograma", é administrado duas vezes ao longo do estágio: no final de cada uma das duas semanas. Estes dois sociogramas são realizados em grupo de formação e em relação apenas aos coparticipantes de um mesmo grupo de formação. Eles são construídos e formulados de maneira a nos permitir não apenas estabelecer o *status* sociométrico, semanalmente, de cada participante em seu próprio grupo de formação, mas também de levantar índices para cada participante de seu grau de empatia e de seu grau de transparência. Cada participante pode assim tomar consciência, à luz dos resultados de seus dois sociogramas, da imagem que apresentou aos outros durante o estágio, do grau de objetivação de si de que foi capaz, e do grau de expressão de si que atingiu.

Os resultados destes testes, uma vez compilados e interpretados, são transmitidos aos participantes ao longo de entrevistas psicológicas. Cada participante, dois meses aproximadamente após o estágio, é convidado a encontrar um dos membros da equipe. Juntos, a partir dos resultados dos testes, eles tentam saber em que o estágio foi uma experiência de autenticidade. É a ocasião, muitas vezes decisiva, para cada participante de assimilar e de integrar, graças ao recuo do tempo, as tomadas de consciência que os testes e o estágio provocaram sobre seus modos habituais de se comportar e de funcionar em grupo. Uma última transferência de aprendizagem pode então se atualizar.

Patamares de aprendizagem

O que fundamentalmente um estágio de formação em dinâmica dos grupos oferece a quem dele participa é ajudá-lo a se descentralizar de si mesmo e a se recentralizar em relação ao outro, libertar-se das fixações ou dos resíduos de seu egocentrismo para desencadear a aprendizagem do alocentrismo. Graças aos climas de grupo, propícios ao crescimento e à superação de si, criados pela presença profissional de especialistas em dinâmica dos grupos, cada participante, envolvendo-se pessoalmente na experiência, pode, segundo seus próprios ritmos, adquirir:

- novos limites de vigilância e de presença em relação ao outro;
- esquemas mais adequados de percepção de si e do outro;
- modelos mais flexíveis, mais funcionais de expressão de si e de comunicação com o outro.

Estas aprendizagens acontecem gradualmente, por etapas, por patamares. Elas dependem em parte da competência dos profissionais responsáveis pela experiência. Dependem não menos dos recursos psíquicos de cada participante, de seus níveis de aspiração, de suas expectativas, de seu grau de motivação, isto é, de seu desejo de se questionar no plano interpessoal e de se abrir às relações mais autênticas com o outro. Alguns participantes acedem ao alocentrismo no final de um único estágio. Outros devem repetir a experiência várias vezes antes de consegui-lo.

Apresentando a aprendizagem da autenticidade como acontecendo por patamares progressivos, tentamos integrar em uma mesma concepção genética a contribuição de alguns teóricos recentes que tentaram definir de maneira operacional as fases de evolução de um grupo de formação (3), (5), (14), (17), (19), (42), (121), (126), (136). Em nossa opinião estes patamares devem ser concebidos como os momentos sucessivos de uma mesma sequência causal, não necessariamente temporal, cada momento comportando resíduos do anterior e antecipações do seguinte. Para nós, estes patamares ou estes momentos essenciais da aprendizagem da autenticidade seriam em número de cinco e seriam os seguintes:

1) O primeiro patamar a vencer na aprendizagem da autenticidade é a *objetivação de si* ou mais exatamente a objetivação da imagem de si. Uma fonte constante de confusão nas comunicações com o outro é a distância e a diferença que existem entre a imagem que alguém tem de si e a imagem que os outros têm dele, a parte determinante de subjetivismo que entra na percepção de si por si e a percepção de si pelos outros. O clima de perfeita liberdade de expressão que reina em um grupo de formação permite aos participantes questionar sua imagem de si, conscientizar-se da imagem que apresentam aos outros em grupo, aceitar ou pelo menos tolerar não serem percebidos como são. Daí a questão que, cedo ou tarde, cada participante é conduzido a se colocar: "Quem sou eu para mim?" É assim que em um esforço para descobrir seu eu verdadeiro, seu eu profundo para além das máscaras que usa ou dos personagens que representa, o participante aprende a distinguir entre seu "eu atual", seu "eu ideal" e seu "eu autêntico". O "eu autêntico" de um indivíduo é o que ele poderia ser caso conseguisse atualizar o ser único que carrega dentro de si em potência, em recursos e em capacidades de superação. O "eu ideal" é o que ele desejaria ser ou desejaria parecer para responder às expectativas, às pressões de seu meio e assim se tornar mais aceitável ao outro. O "eu atual" é o que ele é presentemente ou o que acredita ser ou parece aos outros. É a imagem de si que ele apresenta aos outros. O eu atual é muitas vezes um compromisso entre suas aspirações profundas e as pressões do

meio na direção da uniformidade, da conformidade. Consequentemente o eu atual, por não ser questionado por si ou pelos outros, é um eu esclerosado, os recursos e as capacidades mais ricas do indivíduo permaneceram inexploradas, pois não foram atualizadas. A objetivação de si consiste então em um processo de exploração de si, em busca do eu autêntico para além da imagem de si que o indivíduo quer projetar de si mesmo e aquela que de fato ele apresenta aos outros. Mas a objetivação de si é mais do que a lucidez sobre si, é a aceitação de si em reação contra os conformismos que querem tornar o indivíduo aceitável aos outros ao despersonalizá-lo, ao nivelá-lo em suas diferenças idiossincráticas, para torná-lo cada vez mais semelhante aos outros. A aceitação de si é a aceitação pelo indivíduo daquilo que ele traz de único como recursos que devem ser atualizados. Por isso ser autêntico com o outro é primeiro ser autêntico consigo, ser verdadeiro consigo, isto é, aceder à autenticidade intrapessoal. Consequentemente objetivar a imagem que um indivíduo tem de si não significa para ele retificá-la, corrigi-la no sentido das normas de respeitabilidade, de aceitabilidade do grupo, mas sim revelar ao outro o eu profundo, o eu autêntico que ele acaba de descobrir. A objetivação de si deve tender assim à *aceitação incondicional de si*.

2) A segunda aprendizagem, não menos dolorosa, à qual deve consentir aquele que deseja relações mais autênticas com o outro, é a de se objetivar em relação ao outro. Ele deve se conscientizar a que ponto suas percepções do outro são subjetivas e seletivas. A partir dos dados sensoriais que coleta sobre o outro ele pratica recortes ou se entrega a montagens que lhe permitem fabricar imagens do outro na maioria das vezes contaminadas pelos mitos e pelos preconceitos de seu meio.

Para conseguir lançar sobre o outro um novo olhar é preciso que ele tenha a possibilidade de questionar suas imagens estereotipadas do outro. A maioria dos indivíduos só consente esta introspecção em um clima de grupo no interior do qual as comunicações com o outro podem se tornar confiantes e abertas. É o caso do grupo de formação. A presença profissional, ao mesmo tempo tolerante e tranquilizadora, de especialistas em dinâmica dos grupos cria condições propícias a uma catarse mental, libertando os participantes, envolvidos na experiência, de seus mitos, de seus clichês, de seus preconceitos sobre o outro. Com efeito, em tal clima de grupo, as pessoas em interação podem se familiarizar umas com as outras, diminuindo pouco a pouco o medo do outro, a ponto de desaparecer totalmente; suas defesas em relação a alguns grupos caindo então completamente e seus representantes no grupo sendo então percebidos como seres pessoais.

Em uma experiência válida em grupo de formação as relações humanas se transformam gradualmente: na maioria das vezes elas se situam no início em um nível intergrupal, cada participante sendo percebido pelos outros e percebendo os outros por referência aos grupos representados na situação presente, para evoluir gradualmente e se tornarem relações autenticamente interpessoais, baseadas desta vez em comunicações de pessoa a pessoa. Mas as percepções do outro não podem se objetivar enquanto os preconceitos não tiverem sido desenraizados. Os preconceitos de fato atrapalham as percepções cristalizando-as: o outro não é percebido naquilo que possui de irredutível a quem quer que seja, mas naquilo que o aparenta, o assimila e o faz uma cópia conforme ao clichê através do qual seu grupo é percebido. Não como seu grupo existe de fato, mas como é desejável que ele seja ou que pareça para ser fiel à imagem secretada pela fobia do outro.

Objetivar-se em relação ao outro significa aprender a *passar do plural ao singular*, do impessoal ao pessoal, a não mais perceber o outro como semelhante a alguns outros, mas como um ser único, pelo menos em capacidade de superação. Mas a *objetivação do outro*, como aliás a objetivação de si, é mais do que a evolução de um processo mental. Não apenas as percepções deixam de ser subjetivas, mas as atitudes fundamentais em relação ao outro se encontram transformadas. As comunicações com o outro, de formais e convencionais que eram, tornam-se espontâneas e naturais. A passagem do plural ao singular, graças à objetivação em relação ao outro, conclui-se na maioria das vezes pela passagem do impessoal ao pessoal: pela aprendizagem de modos de comunicações que permitem se tornar atento e presente para aquilo que constitui no outro seu eu autêntico.

3) A aprendizagem da autenticidade nas relações interpessoais comporta um terceiro patamar que é a aprendizagem da *transparência*. Esta é uma atitude adquirida. Alguns seres estão mais predispostos do que outros por tendência inata. A transparência pode se definir como uma abertura espontânea ao outro. Ela é a adequada expressão de si: tudo o que é pensado e sentido é verbalizado.

Ao contrário, o preconceito sempre consiste em um isolamento e em um profundo fechamento ao outro. Aquele que prejulga tende a guardar para si seus pensamentos, seus sentimentos, a confiá-los somente a confidentes privilegiados ou então a cúmplices. À desconfiança em relação àqueles que para nós são outros acrescenta-se a inacessibilidade ao outro. Em presença do outro ou em contato com ele, os seres com preconceitos tornam-se secretos, opacos, impenetráveis. Por isso a libertação dos preconceitos é uma condição a quem quer aprender a se tornar transparente ao outro.

Para além das diferenças e das semelhanças no outro, da facilidade ou da dificuldade das trocas com ele, a transparência ao outro torna eventualmente possível a comunicação profunda com ele. Só se torna transparente ao outro aquele que aprendeu a se livrar de suas máscaras, a renunciar a todo desvio, aos subterfúgios e aos artifícios em suas relações interpessoais. O receptor não percebe então nenhuma dissonância no que lhe é transmitido como mensagem, entre o que o emissor diz e o que é pensando ou sentido por ele. Há *consonância* entre a expressão de si e seu eu autêntico. O outro só pode então sentir-se em confiança, ser assim convidado a dar prova do mesmo grau de abandono e a se mostrar por sua vez acessível. A comunicação humana tem então a oportunidade de se tornar cada vez mais adequada, porque evolui e progride entre dois seres desejosos de se mostrarem translúcidos um ao outro.

Mas a transparência ao outro consiste em expressar a quem quer que seja tudo o que se pensa e tudo o que se sente? Podemos nos tornar e permanecer autênticos com o outro não concedendo a todos o mesmo grau de abertura e de confiança? O grupo de formação, descrito mais acima como o contexto ideal para a aprendizagem da autenticidade interpessoal, permite, graças ao clima de confiança que nele muito cedo se instala, aos participantes enfrentar este problema, explorá-lo, trabalhá-lo. Vejamos em que termos com frequência este problema se coloca aos participantes. Tendo aprendido a derrubar as barreiras psicológicas que atrapalhavam suas comunicações e a valorizar uma total liberdade de expressão entre eles, alguns participantes, os mais inclinados à transparência, tendem então a pressionar o grupo para que ele ultrapasse o que lhes aparece como a etapa última e decisiva da aprendizagem da autenticidade: *a revelação de si*. Instintivamente, os participantes mais impenetráveis ficarão então reticentes ou apreensivos por ter que revelar em grupo o que consideram ser seu eu reservado. E é assim que na maioria das vezes se enfrentam os hiperpessoais e os hipopessoais em grupo de formação em torno do *problema da intimidade*. Deste enfrentamento, porque é vivido em clima tolerante e tranquilizador, podem nascer várias aprendizagens conexas à aprendizagem da transparência. As mais essênciais são as seguintes:

a) As fronteiras

Para ser praticada no respeito ao outro, a liberdade de expressão exige que sejam nitidamente demarcadas, uma vez derrubadas as barreiras, demolidos os muros, preenchidos os abismos, as *fronteiras do incomunicável e do inviolável*. Mesmo entre indivíduos que conseguiram estabelecer entre eles relações interpessoais transparentes, deve ser reconhecido e respeitado que cada um traz consigo segredos que não lhe pertencem: comunicá-los seria trair ou trair os dos outros; seria abusar da confiança do outro ou de seu próprio poder, mostrar-se invasivo, indiscreto ou inoportuno aproveitar-se de um momento de abandono para extorquir confidências e forçar o outro a revelar informações que ele se comprometeu a manter secretas.

b) O eu íntimo

Além dos segredos que não lhe pertencem, existe toda uma série de segredos que são só seus e que constituem seu *eu íntimo*. Todo ser humano tem direito à sua intimidade e deve se considerar perfeitamente livre para deixar acessá-la quem ele quer, quando quer e pelo tempo que quiser. A transparência ao outro só pode ser ou permanecer autêntica se estas fronteiras à comunicação são reconhecidas e respeitadas. Isto supõe ter aprendido que também no interior de um mesmo grupo um membro pode ter se tornado transparente e autêntico com todos, sem deixar de estabelecer e conservar relações privilegiadas com alguns, com aqueles, entre outros, com os quais sente uma maior afinidade, mais bem-sintonizado, mais em acordo profundo de coração e de pensamento. Isto implica como compatível com a transparência ao outro, que cada um pode estabelecer por sua própria conta uma escala de graus ou de níveis de intimidade. Ele é livre para deixar aceder quem ele deseja a um ou outro dos níveis de sua vida profunda. A razão para isto é simples, mas é lenta de ser descoberta por quem faz a aprendizagem da autenticidade. Sobretudo para aqueles que por natureza ou caráter de base são espontaneamente transparentes ao outro. A autenticidade não consiste em expressar tudo o que se sabe, tudo o que se sente, mas sim em pensar realmente, em sentir realmente o que se acredita poder ou dever comunicar ao outro.

4) Despojar-se de seus mitos e de seus estereótipos, libertar-se de seus preconceitos, renunciar às atitudes cristalizadas e defensivas em relação ao outro permite ao ser humano tornar-se transparente ao outro, revelar-se ao outro naquilo que o faz ser único, apresentar-lhe uma imagem fiel de si. O que ele diz, o que comunica pode então ser percebido em sua plena inteligibilidade, isto é, pode ser interpretado adequadamente à luz daquilo que conseguiu ou consentiu revelar de seu eu profundo.

Acrescentam-se à transparência, a congruência e a consonância quando aqueles que estão em comunicação conosco conseguem perceber, para além de nosso eu do momento, nosso eu autêntico, isto é, quando para além dos papéis sociais que devemos assumir diante deles eles podem atingir nossa personalidade profunda, com suas aspirações, suas potencialidades, suas atualizações presentes, seu destino e seu mistério pessoais. Tornamo-nos não apenas transparentes, mas congruentes[2] e consonantes com o outro toda vez que ele tem acesso ao nosso interior. Para ele, aquilo que lhe comunicamos faz então todo sentido. Ele pode perceber exatamente em que e por que o que lhe é dito é uma expressão de nosso eu.

A transparência com o outro torna possível no outro a *empatia*. Quando em grupo de formação os participantes tornaram-se transparentes uns com os outros, eles podem então aceder a um patamar superior na aprendizagem da autenticidade e adquirir a empatia uns pelos outros. A empatia é mais do que a simpatia. A simpatia permite ao ser humano compartilhar dores ou alegrias que ele já experimentou ou sentiu. A capacidade de presença ao outro se limita então, neste caso, àqueles que vivem o que ele já pôde experimentar por sua própria conta. Em contrapartida, a empatia comporta uma evolução mais profunda, mais avançada de seu altruísmo. Ela exige que o ser humano tenha se tornado capaz de se colocar verdadeiramente no lugar do outro, seja ele quem for. Para além do que os outros lhe dizem, ele tornou-se capaz, por

---

2. Há congruência quando existe uma correspondência exata entre a experiência e a tomada de consciência. É plenamente congruente aquele que está correta e adequadamente consciente daquilo que ele experimenta em suas relações com o outro. Os sentimentos que experimenta então em suas relações com o outro lhe são disponíveis, disponíveis à sua consciência. Em consequência, é capaz de viver estes sentimentos e de comunicá-los no momento oportuno.

empatia, de pensar o que eles pensam, de sentir o que sentem adequada e integralmente.

Poder se colocar no lugar do outro torna o ser humano capaz de se tornar consciente da imagem que apresenta ao outro e conseguir então se perceber exatamente como os outros o percebem. Tornando-se assim lúcido sobre a maneira pela qual é percebido, sobre o que ele pode parecer aos olhos do outro, sobre a distância que pode existir entre o que ele parece aos outros e o que de fato é, pode corrigir a imagem que apresenta aos outros e retificá-la se necessário. Com isto, suas comunicações com o outro poderão em seguida ganhar em autenticidade se conseguir, por meio de suas mensagens ao outro, apresentar ao outro uma imagem de si mesmo que lhe seja absolutamente fiel e o expresse plenamente. A empatia em relação ao outro, isto é, a capacidade de se colocar em seu lugar facilita e favorece a objetivação do outro, ou seja, a capacidade para alguém de se objetivar em relação às imagens que o outro tem dele mesmo e através das quais ele é percebido pelos outros. Objetivação do outro que cresce ao mesmo tempo em que a objetivação de si: a partir do momento em que alguém se objetiva em relação às imagens que apresenta ou projeta para o outro, ele torna-se capaz de se questionar e de se objetivar em relação às próprias imagens que tem de si mesmo, e depois começar a buscar e a descobrir seu eu autêntico. Esta capacidade de se tornar e de permanecer lúcido sobre as imagens que os outros se fazem de si tem, desde Lewin, o nome de *autoempatia*.

A autoempatia torna qualquer um capaz de se objetivar em relação às imagens de si; a *aloempatia* torna qualquer um apto a se objetivar em relação às imagens de grupo. Trata-se de duas aprendizagens distintas, que alguns indivíduos adquirem de maneira complementar e outros de maneira isolada. De fato, é possível que alguns indivíduos sejam incapazes de aprender a se objetivar em relação a eles mesmos e se satisfaçam ou com as imagens desvalorizadoras deles mesmos, por mecanismos de autodepreciação, ou ao contrário com as imagens enfatuadas deles mesmos, por mecanismos de autoglorificação. E, no entanto, estes mesmos indivíduos, a partir do momento em que não estão mais em questão, conseguem perceber objetivamente o que acontece em um grupo e fazer deste grupo uma imagem fiel. Seja como for, a aloempatia sensibiliza alguém para as interações entre os membros de um grupo, tornando-o assim consciente das atrações ou das repulsões que se manifestam entre eles. Por meio desta imagem que pouco a pouco ele se faz do grupo observado, o indivíduo capaz de aloempatia consegue perceber objetivamente os tipos de relações interpessoais que se iniciam e se atam entre os membros, e descobrir quais membros se aceitam, quais se rejeitam, aqueles que se percebem isolados ou ignorados no grupo. Por ser fiel, esta imagem do grupo não deve ser estática, mas deve incessantemente ser questionada e dar conta de cada um destes momentos do devir do grupo, das fases da evolução das relações interpessoais entre os membros. Assim a aloempatia permite a alguém participar e intervir em grupo de maneira a favorecer a coesão do grupo, sua integração, seu crescimento e sua criatividade. Sobretudo quando os responsáveis pelo grupo dão prova disto, as fontes de bloqueio e de filtragem podem ser percebidas exatamente e eliminadas de forma eficaz, a comunicação tornar-se mais autêntica, a expressão de si mais livre, o clima de grupo mais tolerante, as estruturas mais flexíveis, a dinâmica do grupo mais funcional. Se apenas a aloempatia basta para que alguns indivíduos tornem-se observadores em grupo lúcidos e perspicazes, todavia eles precisarão aprender a dar prova de autoempatia, a libertar-se então de seu egocentrismo, caso desejem integrar-se ao grupo em relações interpessoais autênticas, tornando-se e permanecendo também participantes-observadores funcionais da gênese e da dinâmica de seu grupo. De fato, parece estabelecido que os indivíduos capazes apenas de aloempatia verão suas imagens de grupo, mesmo as mais fiéis e as mais objetivas, serem deturpadas e deterioradas a partir do momento em que eles mesmos não poderão mais se subtrair do jogo de interações do grupo. De observadores marginais tornam-se desde então participantes envolvidos. A partir deste instante suas imagens do grupo tomam cores diferentes conforme percebam a si mesmos como preferidos, aceitos, rejeitados, ignorados ou isolados dos outros. Somente, ao que parece, a aprendizagem complementar da autoempatia e da aloempatia pode tornar alguém capaz de maneira duradoura de comportamentos funcionais em grupo e de relações autênticas com o outro.

5) O patamar último deste processo de aprendizagem da autenticidade interpessoal é a *aceitação incondicional do outro*. Estes cinco patamares não devem ser concebidos como alcançados sucessiva e distintamente no tempo. Pelo menos não necessariamente no sentido que o ser humano, desejoso de se tornar mais autêntico em suas comunicações humanas, devesse primeiro tornar-se capaz de aceitação incondicional de si, depois de transparência para com o outro, e então de autoempatia e de aloempatia ao mesmo tempo, para enfim aprender a aceitar os outros incondicionalmente. É possível relembrar aqui o que foi afirmado anteriormente. Trata-se de um processo de aprendizagem, cujos momentos sucessivos e

progressivos constituem uma sequência causal, que não necessariamente se desenrola em uma ordem cronológica determinada. Se a aprendizagem da autenticidade interpessoal não pode nunca ser considerada, mesmo para os seres mais evoluídos e mais bem-socializados, como um processo definitivamente acabado, nem por isso está menos estabelecido que em termos de causalidade psicológica o ser humano não poderia se tornar capaz de aceitação incondicional do outro enquanto não tiver aprendido a aceitar a si mesmo incondicionalmente. O mesmo ocorre com a empatia. Como se observou mais acima, uma pessoa só se torna capaz de empatia a partir do momento em que aqueles com quem se encontra em situação de aprendizagem consentem em se tornar um pouco transparentes para ele. Por outro lado, o inverso não é menos verdadeiro: uma vez o processo de aprendizagem iniciado, a aceitação incondicional do outro tem como resultado abrir as comunicações, aumentar a autenticidade das relações interpessoais, favorecer e facilitar assim a objetivação de si a ponto de tornar a aceitação de si mais incondicional. O mesmo vale para alguém que soube aprender a se tornar capaz tanto de mais autoempatia quanto de aloempatia, que terá assim vontade de se mostrar mais transparente, mais congruente e mais consonante na expressão de si ao outro.

Mas o que entender por aceitação incondicional do outro? A simpatia é seletiva, a empatia é incondicional. Por isso o ser humano, para ser realmente transparente com o outro e tornar-se capaz de se colocar de fato em seu lugar deve ter aprendido a aceitar a si mesmo sem reservas, sem arrependimentos, sem ressentimentos, positivamente. Ele estará então pronto psicologicamente para aceitar os outros com tudo aquilo que os faz outros, sua idade, seu sexo, sua cultura, seu nível socioeconômico, seus níveis ocupacional e educacional, incondicionalmente. Todavia, antes de penetrar mais na compreensão do alocentrismo, um mito bastante tenaz em certos meios pedagógicos deveria ser dissipado. A aceitação incondicional de si ou do outro não é, e não poderia ser, a aprovação incondicional de si e do outro. Aceitar-se tal qual se é para um indivíduo e aceitar os outros assim como são não poderia significar que ele se percebe e percebe os outros como infalíveis. Se assim fosse, ele precisaria aprovar incondicionalmente tudo o que ele mesmo e os outros fazem, dizem, pensam ou sentem. É por não ter lido bem autores como Carl Rogers e Martin Buber (21), e não ter compreendido nada, que alguns teóricos da pedagogia nova puderam chegar a menosprezar e a defender teses tão absurdas.

Aceitar o outro de forma incondicional consiste essencialmente:

a) Em aceitar que cada ser humano seja único tanto em suas aspirações à atualização de si quanto em suas capacidades de superação.

b) Em aceitar que cada ser humano possui seus próprios ritmos e seus próprios modos de se superar e de se atualizar.

Estas duas aprendizagens tornam qualquer um capaz não apenas de aceitar em cada ser humano o que nele possui de irredutível a quem quer que seja, mas também de perceber positivamente o que cada um carrega de possibilidades únicas de crescimento, e de respeitar, enfim, os caminhos que instintivamente cada um toma, por fidelidade às variáveis individuais de seu caráter de base, para aceder à plena maturidade de seu ser.

Para atingir um grau tão perfeito de alocentrismo uma pessoa deve ter conseguido se libertar de todo mito igualitarista, tão enraizado nas culturas ocidentais. A criança, no Ocidente, é muito cedo condicionada, no interior do próprio contexto familiar, porém ainda mais com o início de sua escolarização, a perceber no outro um rival, um competidor. As relações humanas, na maioria das vezes, consistem para muitos, para a maioria, em se afirmar diante do outro como tão dotado quanto ele ou mais dotado do que ele. A aspiração mais frequente, sobretudo desde que a era industrial multiplicou as zonas de competição entre os homens quase ao infinito, parece consistir em superar os outros, em desclassificá-los, em vencê-los ou abatê-los. O grupo de formação constitui um contexto inesperado, obrigando os participantes a renunciar a todo *status* privilegiado, para se libertar desta ambivalência arraigada em relação ao outro que contamina habitualmente as relações interpessoais. Escapando assim às pressões de grupos para a uniformidade e a conformidade, tão constrangedoras na maioria dos grupos reais, os participantes pouco a pouco conseguem dirigir uns aos outros olhares positivos e se abrir para os modos de comunicação em que a liberdade de expressão de si é praticada em um respeito incondicional das aspirações, dos ritmos e dos modos de funcionamento de cada um.

Mas ali, onde certos participantes tropeçam, é quando precisam, para serem verdadeiros consigo mesmos e em relação ao outro, desaprovar as pessoas que eles aprenderam a aceitar incondicionalmente. Como então transmitir positivamente mensagens negativas ou como expressar uma desaprovação ao outro em termos que lhe sejam ou se tornem aceitáveis? Não há circunstâncias em que seja mais complexo e mais difícil de permanecer autêntico consigo mesmo e com o outro. Esta aprendizagem não pode nunca, ao que parece, ser considerada como terminada. O que é aceitável para um necessariamente não o é para o outro. Mesmo no caso de um determinado indivíduo, o que para ele já foi aceitável, e talvez o seja novamente, não o é mais no momento mesmo em que a mensagem lhe é transmitida. É importante, mas não basta, nestas ocasiões, dar prova de tato, de retidão, de gentileza. É preciso principalmente ter aprendido a descobrir, para cada caso, os momentos psicológicos em que o outro vai se mostrar receptivo e captar positivamente o que lhe é comunicado sem se sentir ou se perceber, no entanto, rejeitado porque desaprovado. Enfim, parece estabelecido que uma mensagem negativa qualquer, a quem quer que seja e quaisquer que sejam as circunstâncias, correrá menos risco de comprometer a aceitação interpessoal se for formulada em termos descritivos e pessoais, preferíveis a termos avaliativos e impessoais. Uma desaprovação, portanto, mostra-se mais aceitável para o outro se for expressa como a percepção subjetiva e provisória de quem a formula, sem referências nem inferências além dos comportamentos observáveis e atuais de quem é desaprovado.

Climas de aprendizagem

A autoformação em dinâmica dos grupos ou a autoaprendizagem da autenticidade interpessoal é possível, é desejável? Parece bem demonstrado que o que vale para a autoformação vale para a autoanálise. A menos que tenha sido previamente psicanalisado em profundidade, e tenha sido então ajudado a identificar dentro de si as vias de acesso ao seu inconsciente, o ser humano corre o risco de logo se perder tentando se autoanalisar e não encontrar nesta ação a libertação psíquica procurada. Assim a autoaprendizagem da autenticidade tem poucas chances de se atualizar se não for iniciada em experiências de grupos no interior dos quais um questionamento das relações interpessoais possa se operar validamente.

A experiência tanto quanto a procura demonstraram que um estágio de sensibilização à dinâmica dos grupos só pode criar climas de aprendizagens em certas condições. Estas condições são essenciais para a validade da experiência. Elas são em número de três e todas dependem da competência dos profissionais responsáveis pelo estágio.

1) Para assumir a responsabilidade de um estágio de formação em dinâmica dos grupos é necessário possuir uma *formação profissional adequada*. Na América do Norte, tanto nos Estados Unidos quanto no Canadá, só são reconhecidos como profissionais da dinâmica dos grupos aqueles que possuem os títulos das seguintes competências:

a) um doutorado em uma ou outra das ciências do homem, de preferência a psicologia;

b) uma informação adequada dos dados científicos sobre a psicologia dos grupos;

c) uma formação específica em dinâmica dos grupos, compreendendo várias etapas, ao longo das quais o candidato é progressivamente iniciado nos diversos papéis profissionais que deverá representar ao assumir a responsabilidade última de monitor de um grupo de formação.

As corporações profissionais, sobretudo as dos psicólogos, dos sociólogos e dos trabalhadores sociais, tentaram, desde alguns anos, oferecer a seus membros a possibilidade de adquirir, no interior mesmo de seus quadros, esta especialização pós-doutoral. Estas mesmas corporações também se preocuparam em alertar o público contra alguns amadores que se improvisaram como especialistas em dinâmica dos grupos, organizando, para fins muitas vezes comerciais, estágios em dinâmica dos grupos, sendo tão inconscientes a ponto de desejar assumir sozinhos a sua responsabilidade e correndo assim o grave risco de comprometer seriamente, ou mesmo destruir, o equilíbrio psíquico daqueles que nele se inscreveram.

2) Os responsáveis, além de serem profissionais acreditados e experimentados, devem estruturar o estágio dando um lugar não exclusivo, mas predominante, ao *grupo de formação*. Eles devem deliberadamente se preocupar em ir ao encontro das expectativas fantasistas de muitos dos participantes, que concebem a dinâmica dos grupos como um conjunto de técnicas das quais podem esperar efeitos mágicos. A dinâmica dos grupos não é um saber nem um *savoir-faire*. Ela é uma arte de viver em grupo relações interpessoais autênticas. Claro que ela pressupõe um conhecimento adequado da ciência dos grupos humanos. Todavia, uma iniciação demasiado exclusiva nas técnicas de grupo, seja de diagnóstico ou de desbloqueio, com o objetivo de tornar os participantes capazes de comportamentos mais funcionais ou mais altruístas, pode transformá-los em manipuladores de grupos mais ou menos sutis. Os responsáveis devem se convencer de que é somente em grupo de formação, compreendido em seu sentido específico, que os participantes podem encontrar o clima de aprendizagem que lhes permite evoluir no plano de suas atitudes fundamentais em relação ao outro, como o único contexto onde podem se realizar e se integrar definitivamente tanto uma aprendi-

zagem válida das técnicas de grupo quanto uma objetivação duradoura de suas percepções sociais.

3) Mas então como os profissionais encarregados podem criar climas de aprendizagem válidos em grupos de formação? Ou ainda, que tipo de presença profissional eles devem garantir nos grupos de formação para que os participantes se tornem motivados a se questionarem, a abrir entre si suas comunicações e a se preocupar em ser autênticos uns com os outros?

Este modo de presença e esta qualidade de presença profissional os responsáveis deverão estabelecê-la e mantê-la ao longo da experiência adotando como agente de formação as três *atitudes pedagógicas* seguintes em relação a cada um dos participantes.

a) Ser não diretivo

É preciso que primeiramente postulem que todo indivíduo carrega consigo aspirações de autenticidade e possui em seu interior os recursos para crescer em autenticidade. Seu papel não é, portanto, o de teorizar sobre a autenticidade, mas de ser, no meio dos participantes, modelos vivos de autenticidade e assim despertar-lhes o desejo de eliminar aquilo que no momento representa um obstáculo à atualização de suas aspirações. Para este objetivo, eles devem mostrar-se constantemente *não diretivos*, inspirando cada um, por sua presença profissional marcada ao mesmo tempo de tolerância e de aceitação, a se autodeterminar, segundo seus ritmos próprios, a iniciar relações interpessoais mais alocêntricas.

b) Os recursos do grupo

Em seguida devem postular, e esta descoberta feita por Lewin é a mais rica em implicações para a dinâmica dos grupos (101), que se no começo, como agentes de formação, eles estão sozinhos, devem contar cada vez mais com os *recursos do grupo* para acelerar e intensificar as aprendizagens que iniciaram. Recusando-se sistematicamente a assumir papéis de *leadership* ao longo da experiência, eles desencorajam a dependência dos participantes e favorecem a emergência de uma interdependência cada vez mais profunda entre eles. Os participantes descobrem, à medida que suas trocas são mais transparentes, que aprendem uns com os outros as exigências da autenticidade assim como as condições de relações interpessoais em uma base de complementaridade verdadeira.

c) O vivido aqui e agora

Devem postular, enfim, que é centrando constantemente a atenção dos participantes no *vivido aqui e agora* do grupo que eles podem com mais certeza despertar-lhes o desejo de questionar de maneira vital seus modos habituais de comunicar com o outro. Centrando-se no aqui e agora do que experimentam entre eles, os participantes aprendem a se descentrar em relação aos objetos habituais de sua atenção, muitas vezes ocupada com conteúdos exteriores e raramente voltada para a elucidação de suas atitudes pessoais. Enfim, esta atenção dada ao vivido aqui e agora do grupo, descoberto e explorado pessoalmente, imuniza os participantes contra uma tendência frequente para desejar exorcizar os conflitos e as tensões em grupo por meio dos mecanismos de intelectualização. Os participantes aprendem então a dividir sua experiência pessoal para em seguida conceitualizar; a se libertar assim de um conjunto estereotipado de concepções e de percepções sobre si, sobre o outro, sobre a realidade, recomeçando então de um real experimentado no presente. Para os responsáveis, não se trata mais, como nos contextos tradicionais de aprendizagem, de ensinar com autoridade e de maneira carismática as leis de autenticidade e, para os participantes, de receber passivamente um saber ou se iniciar mecanicamente em um *savoir-faire*. Por sua referência constante ao vivido, os responsáveis devem conduzir os participantes a interiorizar os papéis e as atitudes que os abrem para o outro e a descobrir assim, de maneira experiencial, o que é a autenticidade.

VII
Autoridade e tarefas nos pequenos grupos

A experimentação em psicologia social ensinou-nos a distinguir entre grupos extensos e grupos restritos, entre grupos centrados na tarefa e grupos centrados no grupo. Trataremos aqui apenas de grupos de trabalho e de pequenos grupos de trabalho. Tentaremos extrair os condicionamentos psicológicos do exercício da autoridade neste contexto preciso: grupos restritos que se consagram a resolver problemas ou a realizar tarefas. Várias perspectivas nos parecem válidas para tornar este fenômeno inteligível, no entanto deliberadamente nós nos limitaremos apenas aos seus aspectos e às suas únicas dimensões psicológicas. Tentaremos especificamente definir os tipos de comportamentos, de atitudes, de interações e de motivações funcionais e ideais no exercício da autoridade em pequenos grupos de trabalho.

Sobre este tema apareceram vários escritos expondo os resultados das diversas pesquisas destes últimos anos. Estes escritos são de desigual valor. Manteremos aqui apenas os dados mais conclusivos, aqueles que nos parecem possuir um valor científico. Tentaremos sistematizar estes dados, integrando a eles o que nossas próprias pesquisas nos ensinaram sobre este problema. Seremos assim conduzidos a praticar uma *autópsia* das maneiras arbitrárias de exercer a autoridade que muitas vezes prevalecem nos pequenos grupos de trabalho, e que fatalmente os destinam à esclerose e à esterilidade, quando não à necrose. Mas, principalmente, este estudo gostaria de constituir uma *autonomia* do *leadership* funcional em grupo de trabalho, tentando definir assim em termos operacionais o estilo do *leadership* que deveria ser adotado pelos pequenos grupos para se tornarem mais criativos e mais inventivos ao desempenharem suas tarefas. No dia em que os pequenos grupos se inspirarem nestes dados científicos, não apenas a autoridade aprenderá a exercê-la de maneira mais democrática, mas também sua dinâmica de grupo terá chance de se tornar mais funcional e seus membros mais criativos.

Os dados experimentais, aos quais nos referimos constantemente ao longo deste capítulo, foram obtidos por meio das observações sistemáticas sobre pequenos grupos de trabalho no Canadá francês. Estas observações duraram mais de quatro anos e foram feitas simultaneamente em meios industriais e em meios institucionais, tanto hospitalares quanto educacionais. Esta exposição tentará mostrar em detalhe a diferença, em nossa opinião sintomática, entre o que pudemos observar em nossas pesquisas nesses diversos meios e o que agora possuímos como dados científicos sobre o funcionamento dos pequenos grupos de trabalho. Ao longo destas páginas lamentaremos várias vezes este fato. No momento, apenas alguns meios industriais se preocupam em questionar o exercício da autoridade e em se inspirar naquilo que a dinâmica dos pequenos grupos nos ensinou sobre o *leadership*. Quanto aos meios institucionais, muitas vezes acabaremos constatando que, ao contrário, a maioria deles tende a se satisfazer inconscientemente com os modos autocráticos de exercer a autoridade toda vez que consentem em introduzir pequenos grupos de trabalho no interior de suas estruturas rigidamente hierarquizadas.

Primeiros dados experimentais

Em 1938 foram publicados na Revista *Sociometry* os resultados das primeiras pesquisas de Kurt Lewin e de Robert Lippitt (70) sobre a eficácia do *leadership* democrático em pequenos grupos de trabalho. Três outros artigos foram publicados em 1939 e em 1940 relatando a sequência dessas pesquisas, acompanhadas primeiro por Lewin e Lippitt (71), depois por Lippitt e R.K. White (72), e enfim apenas por Lippitt (114) sobre os diferentes climas de grupo.

Esta série de pesquisas tinha sido empreendida segundo uma metodologia experimental derivada das ciências físicas. Lewin, Lippitt e White buscam então reproduzir em laboratório fenômenos de grupos constatados na vida real. São experimentados e aperfeiçoados alguns métodos que permitem isolar diferentes variáveis, manipulá-las e efetuar medidas sistemáticas.

Ao comparar a vida de grupo resultante de um "*leadership* democrático" àquela resultante de um "*leadership* autoritário" e *laissez-faire*, os autores se esforçam para estabelecer as vantagens do primeiro, principalmente do ponto de vista do desabrochar da liberdade e das aptidões, da expressão da agressividade em direções construtivas, das relações entre os membros do grupo, e do trabalho realizado. Estes resultados iluminam os dos estudos de Elton Mayo (113), que datam de 1933, sobre equipes de trabalho nas empresas industriais. Mayo conseguiu demonstrar então a influência primordial sobre o rendimento e o absenteísmo das relações interpessoais no seio das equipes de trabalho.

Estas pesquisas têm quase 30 anos. Duas ressalvas devem ser feitas a seu respeito. Elas foram empreendidas com grupos isolados de maneira artificial, em sistema fechado, para objetivos ideológicos mais ou menos explícitos, entre outros, o de demonstrar as vantagens da "democracia" e da "participação" na tomada de decisão e na escolha dos objetivos. Enfim um mesmo problema domina estas pesquisas: verificar as relações entre a eficácia com a qual um grupo realiza seus objetivos, a natureza das relações que existem entre seus membros e o grau de satisfação que estes retiram de sua participação nas atividades do grupo. Ora, a situação experimental e o pesquisador (que sempre impõe a tarefa e as modalidades de execução) constituem uma variável extremamente importante. Como estes primeiros pesquisadores não levaram isto suficientemente em conta, suas conclusões finais parecem ter sido em certa medida contaminadas por suas hipóteses de partida e seus desejos mais ou menos confessos.

Variáveis e constantes

As pesquisas dos dez últimos anos foram elaboradas mais de acordo com a metodologia que Kurt Lewin desenvolveu no último ano de sua vida em um artigo célebre (103), em uma perspectiva de "pesquisa-ação". Grupos são organizados, nos quais todos os participantes são ao mesmo tempo sujeitos e objetos de experiência. Os fenômenos de grupo são estudados em sua totalidade da forma como são percebidos e vividos subjetivamente, conscientemente e inconscientemente, pelos participantes e os pesquisadores, dando uma atenção particular àqueles que se referem às relações entre eles. Estes trabalhos resultaram em hipóteses que dão um grande espaço aos fatores afetivos e inconscientes. Para isto tiveram de abandonar os métodos experimentais derivados das ciências físicas e se orientar para uma metodologia mais apropriada aos problemas específicos das ciências humanas, levando muito mais em conta o coeficiente pessoal do pesquisador. Esta metodologia, concebida antes por Lewin, e em seguida explicitada por seus discípulos, concretiza-se principalmente por um recurso maior aos sentimentos experimentados pelos membros dos grupos e pelo próprio pesquisador como dados da experiência. Esta metodologia tende assim a revalorizar o sentido original do termo "experiência" (106), que é o ato de experimentar e de sentir, e além do mais se apoia em uma concepção mais relativa da noção de verdade científica.

Mais explicitamente, eis as variáveis e as constantes que estas pesquisas levaram sistematicamente em conta para definir em termos científicos o exercício da autoridade nos pequenos grupos de trabalho.

1) Variáveis

a) Inserção na sociedade global

Quando se trata de tornar inteligíveis a dinâmica e a gênese dos microgrupos orientados para uma tarefa, a primeira variável que o pesquisador deve levar em conta são suas posições respectivas na sociedade global (140). Se estas pesquisas devem ter algumas implicações para os grupos reais e não unicamente para grupos inteiramente fabricados em laboratório, o pesquisador deve admitir que todo grupo de trabalho, quaisquer que sejam seus objetivos e sua origem, não deve jamais ser considerado como um organismo fechado em si mesmo. Ele está sempre vinculado, de alguma forma, ao conjunto da sociedade, por elementos que condicionam estreitamente seu funcionamento e dão-lhe, em razão de sua referência ao contexto social ambiente, alguns traços específicos. Por isso o pesquisador deve saber quem tomou *a iniciativa da formação do grupo, quem está na origem da autoridade* existente no grupo, e qual é a *função desempenhada pelo grupo na sociedade* em que está inserido (2), (3). Estas são algumas das variáveis que devem ser identificadas, definidas e controladas de antemão.

b) Natureza da tarefa

Uma segunda variável em questão na existência da autoridade em pequenos grupos de trabalho é a natureza da tarefa à qual o grupo se consagra e os recursos de que o grupo dispõe para sua realização. A este respeito é importante se perguntar por que o grupo se reúne. Ele se propõe fins lucrativos ou gratuitos, a satisfação de necessidades interpessoais ou a realização de uma obra coletiva? A tarefa é voluntária ou imposta de fora? Ela se realiza em um contexto de cooperação ou de competição entre os indivíduos? A tarefa está suficientemente adaptada a este grupo? Está claramente definida e suscetível de ser aceita pelos indivíduos? É considerando esta variável que alguns critérios foram elaborados pelos diferentes pesquisadores (2), (3) permitindo avaliar o ritmo segundo o qual o grupo pode progredir na realização da tarefa.

c) Personalidade dos membros

A terceira e última variável em questão no exercício da autoridade em pequenos grupos de trabalho e que o pesquisador deve aprender a levar em conta é a personalidade dos membros do grupo. As pesquisas de W.R. Bion (17), entre outras, nos tornaram conscientes de um fato que agora nos parece banal: um grupo não é constituído de unidades intercambiáveis, mas de indivíduos de uma personalidade bem determinada, modelados por experiências anteriores de vida social que trazem para o grupo e que condicionam seu comportamento. Ainda segundo os trabalhos de Bion (17), o responsável pelo grupo deve se preocupar em avaliar as *atitudes iniciais dos membros* em relação à tarefa, ao próprio grupo, e aos outros membros. Desta forma suas relações com a autoridade se tornarão mais facilmente inteligíveis (40).

2) Constantes

As pesquisas destes últimos anos, além de nos sensibilizar para as variáveis que condicionam o exercício da autoridade em pequenos grupos de trabalho, tornaram-nos conscientes de duas constantes, ou de dois pré-requisitos que podemos observar em todo grupo de trabalho, sem o que o exercício da autoridade torna-se deturpado, paralisado ou pelo menos comprometido. Ele deixa então de ser funcional em relação à tarefa (23).

a) *Competência*

Os trabalhos de J.R.P. French Jr. (25) nos ensinaram que o funcionamento de um grupo de trabalho pressupõe que a escolha dos membros aconteceu a partir de critérios rigorosos de competência em relação à tarefa a ser realizada. A integração do grupo e sua eficácia dependem antes do fato de que todos os membros são adequadamente competentes para assumir a responsabilidade de executar a parte da tarefa comum que lhes será confiada. Quando todos os membros possuem a competência requisitada, mais facilmente a estima recíproca pode então se estabelecer entre eles e consequentemente a solidariedade necessária à sua integração.

b) *Nível de socialização*

Nossas próprias pesquisas nos permitiram estabelecer que uma segunda constante é necessária ao exercício da autoridade em pequenos grupos de trabalho. Além de serem competentes, todos os membros escolhidos devem ser aptos a trabalhar em grupo. Aprendemos ao longo destas mesmas pesquisas a distinguir duas espécies de inaptos ao trabalho de grupo. Há os *inaptos situacionais* que não conseguem se integrar e trabalhar em grupo, ou porque a natureza da tarefa não os atrai, ou porque as estruturas do grupo não lhes parecem funcionais, ou porque enfim o estilo do *leadership* neste grupo, e o clima do grupo ali reinante, os inibem e não lhes permitem ser criativos no plano da tarefa. Vinculam-se a estes inaptos situacionais os indivíduos que adotam provisoriamente ou em relação à tarefa, ou em relação ao responsável ou aos outros membros do grupo, atitudes negativas, tanto e pelo tempo que não se sentirem plenamente aceitos. É a sua maneira de se afirmar e de eventualmente obter provas que lhes pareçam peremptórias de que são aceitos por aqueles com quem e para quem trabalham. Parece que os únicos indivíduos que comprometem a integração do grupo e tornam impossível o exercício da autoridade em pequenos grupos de trabalho são aqueles que nosso diagnóstico nos levou a considerar como *inaptos caracteriais ao trabalho de grupo*. Eles apresentam os seguintes traços de caráter: quaisquer que sejam a natureza da tarefa, as estruturas do grupo ou o estilo do *leadership* que prevalece nos grupos onde trabalham, eles tornam-se logo compulsivamente contradependentes em relação às figuras de autoridade e sistematicamente agressivos com os seus coparceiros. Quando lhes confiamos o *leadership* de um grupo de trabalho, tornam-se muito autocráticos e abusivos no exercício do poder. Quanto à empatia, seja a autoempatia ou aloempatia, são completamente desprovidos delas. Eles mantêm em relação a si mesmos as mais lisonjeiras ilusões, isto é, quanto ao grau em que são aceitos ou rejeitados por seus coparceiros. Em suas percepções do outro e de si mesmos, recorrem sistematicamente a mecanismos de projeção, que nos mais deteriorados são acompanhados dos mais inquietantes traços paranoicos, isto é, de mania de perseguição e de delírio de grandeza.

Em resumo, para ser funcional, o exercício da autoridade em pequenos grupos de trabalho pressupõe que os membros possuam a competência requisitada para a realização da tarefa e tenham alcançado um mínimo de maturidade social que os torne aptos eventualmente a se integrar e ser capazes de lealdade em relação a seus coparceiros. Além do mais, para ser funcional o exercício da autoridade em pequenos grupos de trabalho sempre deverá levar em conta as três seguintes variáveis: a sociedade global onde o grupo se insere, a natureza da tarefa a ser executada, a personalidade dos membros que constituem o grupo.

Autoridade e estruturas do grupo de trabalho

As pesquisas destes últimos anos nos trouxeram precisões sobre a maneira como um grupo de trabalho deve ser estruturado para que a autoridade se exerça de maneira funcional. Estas precisões tratam dos três seguintes pontos: o tamanho, a composição e a organização formal do grupo de trabalho.

1) Tamanho de um grupo de trabalho

Quanto maior o tamanho de um pequeno grupo de trabalho, mais o exercício da autoridade corre o risco de ser inadequado. Quanto maior o número de membros do pequeno grupo de trabalho, mais difícil torna-se para eles participar de maneira funcional nos três momentos essenciais de todo trabalho de grupo: os momentos de discussão, de decisão e de execução. Por outro lado, os grupos de trabalho devem possuir um tamanho *mínimo*. Os grupos de dois, três e quatro são dificilmente viáveis e raramente eficazes: nos grupos de dois e quatro, as oposições e os conflitos podem se tornar irredutíveis; nos grupos de três, um dos membros se percebe, com ou sem razão, como excluído ou marginal dos dois outros (141). Em geral os grupos ímpares têm mais chance de funcionar do que os grupos pares. Nestes uma maioria pode emergir mais facilmente. O número *ideal* seria, segundo alguns pesquisadores, cinco ou sete. Um autor (23) chega até mesmo a formular a seguinte lei: os membros de um grupo de trabalho, idealmente, devem ser "mais que as graças, menos do que as musas". Todas as pesquisas até agora estipulam que os números que indicam o tamanho mínimo, máximo ou ideal de um pequeno grupo de trabalho valem para todo o trabalho de grupo, que a tarefa seja manual ou mental. Segundo uma recente descoberta (4), (5), a percepção simultânea dos indivíduos em torno de uma mesa de reunião parece limitada a uma dezena de pessoas. Para além deste número, acontecem fenômenos de seleção na percepção e na elaboração de subgrupos, que podem cristalizar as oposições entre os membros.

2) *Composição de um grupo de trabalho*

Quanto à composição do pequeno grupo de trabalho, vários dados estão estabelecidos. Sempre se pressupõe que os membros escolhidos são competentes e aptos a trabalhar em grupo. As principais variáveis que podem ser questionadas na composição de um grupo são o sexo, a idade, a origem étnica, as modalidades da aquisição de sua competência e os anos de experiência. Quanto mais um grupo é *homogêneo* (115), mais as identificações com a autoridade e a tarefa do grupo são facilitadas, mais a integração é rápida. Nos grupos *heterogêneos*, se a integração é mais lenta, ela tende a acontecer mais em profundidade. Se nestes casos a identificação com a autoridade e com a tarefa do grupo é mais difícil, se ela é acompanhada de momentos de tensão e de conflitos, por outro lado a heterogeneidade do grupo permite mais complementaridade entre os membros, mais resistência às pressões em direção à uniformidade e mais vigilância com as tentativas de manipulação que vêm da autoridade e, portanto, na maioria dos casos, mais criatividade no nível da tarefa.

3) Estruturas de poder e estruturas de trabalho

Quanto à *organização formal do pequeno grupo de trabalho*, eis o que parece estar definitivamente estabelecido (11). É importante distinguir no plano formal entre estruturas de poder (quem tem poder sobre quem, oficialmente) e estruturas de trabalho (quem oficialmente trabalha para quem, acima de quem e abaixo de quem). As estruturas de poder se expressam pelas formas como as linhas de autoridade são definidas e articuladas, mais ou menos explicitamente, nos grupos de trabalho. Quanto às estruturas de trabalho, elas revelam-se pelas formas como as tarefas são distribuídas entre os membros e também pela forma como seus papéis respectivos, uns em relação aos outros, são diferenciados.

No nível das *estruturas de poder* está estabelecido que é necessário distinguir entre quatro tipos de condutores (25), contrariamente aos três estilos de *leadership* estudados por Lewin, White e Lippitt (70), (71), (72). Primeiramente foi demonstrado que é possível distinguir dois tipos de condutores autocráticos: o condutor manifestamente *dominador* ou o tipo *fálico* e o *condutor obsessivo*, que exerce sua dominação de maneira mais sutil (sob a aparência, muito valorizada em certos meios, de uma dedicação e de uma solicitude incansáveis), mas não menos real. Estes dois tipos de condutores têm em comum que tanto um quanto o outro aspiram ao poder absoluto, ao controle exclusivo daqueles que trabalham com eles e para eles. Outro traço característico é que nem um nem o outro é capaz de compartilhar suas responsabilidades ou de delegar seus poderes. *O tipo passivo* ou *laissez-faire*, ao contrário dos anteriores, é incapaz de tomar suas responsabilidades. Ele deixa fazer tudo. Sua hipótese de trabalho, ou melhor, a racionalização de sua abulia social, consiste em postular que dez cabeças valem mais do que uma. Basta então deixar acontecer para que os processos de interação social se traduzam infalivelmente por resultados criadores.

Quanto ao *condutor democrático*, vejamos como é caracterizado pelos teóricos do *leadership* em pequenos grupos de trabalho (140): é o condutor capaz ao mesmo tempo de assumir suas responsabilidades e de compartilhá-las. Ele percebe suas funções de condutor essencialmente, especificamente como uma tarefa de coordenação. Nos momentos fundamentais de todo trabalho de grupo, a saber, os momentos de discussão, de decisão e de execução, sua única preocupação constante é verificar, e se necessário garantir, que todos os membros do grupo estão profundamente de acordo com o que será discutido, decidido e executado juntos. Por isso está sempre atento a que cada membro do grupo tenha uma chance igual de fazer valer seu ponto de vista, de verbalizar suas objeções ou suas opiniões, de modo que a discussão, a decisão e a execução do trabalho progridam em uma coesão e uma integração dos recursos de cada um. Não lhe cabe propor, muito menos impor, os assuntos de discussão, as alternativas de decisão ou a distribuição das tarefas, mas em um constante respeito dos elementos minoritários do grupo assumir a coordenação e realizar a unidade do grupo em função das exigências da tarefa a ser efetuada em comum.

No nível das *estruturas de trabalho*, pesquisas recentes (2), (38), ensinaram-nos a reconhecer uma interdependência do *leadership* e do *membership*. A distribuição das tarefas entre os membros só poderá ser funcional se existir uma nítida diferenciação dos papéis entre eles e o responsável pelo grupo de trabalho. Em outras palavras, para que o *leadership* torne-se e permaneça democrático, os membros devem aceitar participar ativamente tanto na discussão quanto na decisão e na execução da tarefa, isto é, devem assumir entre eles os diversos papéis que tornarão suas comunicações e suas interações funcionais.

Nas primeiras fases de um grupo de trabalho, os membros tendem (e parece que este fenômeno é normal, inevitável, e na maior parte do tempo desejável) a assumir, por momentos, *papéis individuais*, voltados exclusivamente para a satisfação de desejos pessoais. Eles sentem então uma necessidade irresistível de se afirmar como indivíduos. Alguns adotam até mesmo papéis um pouco intempestivos. Assim o papel de *exibicionista*, preocupado em atrair a qualquer custo a atenção sobre ele, ou, pelas mesmas razões, o papel de *oponente irredutível* ou *da criança mimada* ou *do retardatário crônico*. Tenderão a se satisfazer nestes papéis individuais durante o tempo em que não se sentirem aceitos pessoalmente como indivíduos. Mas foi demonstrado

(4), (5), (6), que à medida que a integração e a coesão do grupo se acentuam, estes papéis individuais tornam-se cada vez mais fatores dissolventes ou paralisantes para o grupo. Eles comprometem tanto a solidariedade do grupo quanto sua ação, a qual deve se tornar cada vez mais polarizada pela tarefa.

Mas assim que o clima de grupo (15) favorece uma aceitação mútua e recíproca dos membros, e isto graças às atitudes de aceitação incondicional de cada um dos membros pelo líder, estes tornam-se capazes de assumir novos papéis que favorecem a integração do grupo, isto é, os *papéis de solidariedade*. O mais importante destes papéis é, sem dúvida, aquele de *mediador*, que consiste nos momentos de conflito e de tensões entre os membros em dar prova de lealdade para com cada um, em sugerir compromissos, em iniciar reconciliações, propor arbitragens.

Uma vez terminada a integração entre membros e responsável, estabelecida e reforçada a solidariedade entre eles, a distribuição das tarefas pode ser efetuada de forma funcional por uma diferenciação ou um comando por cada um dos membros de alguns papéis-chave que favorecem a progressão do grupo para a realização da tarefa. Os principais *papéis de tarefa* que os membros devem compartilhar entre eles são: o de *pesquisador*, que coleta os fatos ou os dados conhecidos sobre a tarefa a ser executada; o de *orientador*, que define ou relembra os objetivos a serem alcançados; o de *informante*, que coloca seus recursos, sua competência ou sua experiência a serviço do grupo. Estes papéis de tarefa devem ser assumidos segundo os recursos e as disponibilidades de cada um. O condutor ou o responsável pelo grupo preocupa-se em sensibilizar os membros da necessidade de se colocar de acordo toda vez que esta distribuição das tarefas e esta diferenciação dos papéis entre eles são questionadas para permanecer funcionais e favorecer ainda mais a criatividade do grupo de trabalho.

Autoridade e gênese do grupo de trabalho

Um dos desafios que o responsável por um grupo deve enfrentar e levantar é o favorecer e garantir o crescimento de seu grupo por dentro, para além e muitas vezes a despeito da organização formal, isto é, das estruturas de trabalho e de poder que seu grupo se deu ou que lhe foram impostas no momento de sua constituição. Crescer, para um grupo de trabalho, significa tornar-se mais eficaz, mais criativo no nível da tarefa. Ora, os pesquisadores da gênese dos pequenos grupos de trabalho acumularam nestes últimos anos dados experimentais convergentes que demonstram que não há criatividade duradoura nem autêntica no nível da tarefa, enquanto os membros de um grupo de trabalho não tiverem conseguido se integrar como grupo. Os trabalhos de C. Argyris (4), de Bion (17) e de Heider (40) chegam à mesma conclusão. Vejamos como estes pesquisadores concebem a integração de um grupo de trabalho: suas fases, suas leis, seus critérios.

1) Fases de integração

A integração gradual de um grupo de trabalho normalmente acontece em três fases. Cada uma delas coloca problemas específicos a uma autoridade que deseja ser exercida de forma funcional. Por outro lado, a passagem de uma fase a outra, para um grupo de trabalho, depende de maneira decisiva do clima de grupo que o líder consegue criar (9).

a) Fase individualista

A primeira fase da evolução de um grupo de trabalho é identificada pela maioria dos pesquisadores recentes como a fase individualista. Independentemente da natureza da tarefa e das estruturas da organização formal do grupo, indivíduos que se agrupam com o objetivo de executar juntos um trabalho tendem, no início e por um determinado tempo, a desejar se afirmar como indivíduos. Esta fase durará enquanto cada um dos membros não tiver conseguido ser aceito como indivíduo. Esta fase que parece mobilizar os membros do grupo para as preocupações que os distanciam da tarefa e de sua execução mostra-se em seguida essencial para sua integração. O responsável pelo grupo deve saber reconhecer que esta fase responde às necessidades fundamentais entre os membros. Eles só se engajarão em relação à tarefa a partir do momento em que se sentirem plenamente aceitos. Por isso o líder não deve tentar frear ou acelerá-la, mas sensibilizar os membros de seu grupo ao partido que podem tirar destas primeiras confrontações objetivando-se uns em relação aos outros. Quando se conhecem melhor e se aceitam reciprocamente, eles têm a oportunidade de descobrir os recursos de cada um em função da tarefa que eventualmente terão de realizar juntos. Os papéis aparentemente negativos, que alguns membros podem assumir durante esta fase, como monologar ou se satisfazer em detalhar sua biografia, e que parecem afastar o grupo da tarefa, são funcionais na medida em que respondem às necessidades de segurança entre os membros. É uma ocasião privilegiada para o líder reconhecer, por suas próprias atitudes e comportamentos, que a primeira tarefa que os membros de um grupo de trabalho devem realizar é aprender a se aceitar mutuamente (42).

b) Fase de identificação

A segunda fase pela qual um grupo de trabalho deve passar para garantir sua integração é conhecida como uma fase de identificação. Quanto mais um grupo é heterogêneo, mais esta fase poderá se prolongar. Uma vez aceitos como indivíduos, alguns membros, antes de consentir fazer parte, primeiro se integrarão em subgrupos. Este é o caso dos membros que se percebem como minoritários no grupo de trabalho, creem que não são considerados como membros completos nos momentos de decisão. Por isso sentem necessidade de se subgrupar com os membros que experimentam o mesmo temor e compartilham suas apreensões. O líder pode representar então um papel decisivo, pela qualidade e autenticidade de sua presença junto a seus membros, quando lhes prova, por sua preocupação em fazê-los participar de forma igual aos outros de todas as deliberações do grupo, que julga cada membro como indispensável para a execução da tarefa (8).

c) Fase de integração

Quando cada membro se sente plenamente aceito, quando os membros minoritários obtiveram garantias sobre os direitos igualitários de todos no momento das decisões, um grupo de trabalho consegue então se integrar. Chega à terceira fase, chamada fase de integração. O líder deve então assumir simultaneamente dois tipos de papéis de solidariedade. Deve aceitar verificar se a integração do grupo de trabalho não acabou excluindo quem quer que seja ou pressionando quem quer que seja. O importante é que seu grupo de trabalho tome o tempo necessário para operar sua integração em profundidade. Por outro lado, ele deve zelar para que o clima de grupo, marcado então pela aceitação e pela solidariedade, não degenere em clima de enfatuação. Alguns grupos de trabalho, que tiveram dificuldade para se integrar, experimentam tamanha exaltação quando enfim conseguem que podem se fechar sobre si mesmos, satisfazer-se com estes sentimentos de compreensão perfeita, e acabam pouco a pouco negligenciando a tarefa que deve ser executada (9), (17).

2) Leis de integração

Para assumir estes papéis específicos e criar climas de grupo propícios à integração, o líder de um grupo de trabalho deve respeitar o que se convencionou chamar as "leis fundamentais da integração" de um grupo de trabalho (5). Existem duas:

a) A primeira lei consiste em aceitar e fazer com que os membros do grupo aceitem viver os *momentos de ansiedade* inerentes a todo processo de crescimento psíquico. Sabemos atualmente (4) que os grupos, como os indivíduos, devem desenvolver limites elevados de tolerância à frustração, ou então nos inevitáveis momentos de ansiedade que conhecem ao longo de sua evolução, poderão, em vez de crescer e se superar, regredir, recorrendo a um conjunto de mecanismos de defesa de grupo e de compensação em grupo (125).

b) A segunda lei da integração de um grupo de trabalho é a *lei da complementaridade*. A integração para acontecer de maneira duradoura e em profundidade deve se finalizar não pelo nivelamento das diferenças entre os membros, mas por sua complementaridade. Mas para que uma complementaridade surja e se atualize entre os membros de um grupo de trabalho é importante que o líder tenha conseguido criar um clima de grupo em que cada membro aceite se perceber como diferente, mas incompleto, e perceba cada um dos outros membros como seu complemento eventual. Cada membro aprende então não a renegar aquilo que é e nem renunciar a isto, mas a ser cada vez mais ele mesmo e a colocar à disposição do grupo os recursos únicos de que dispõe. As diferenças de opinião, as divergências de ponto de vista, longe de serem apreendidas como fontes de conflitos e de tensões no grupo, são acolhidas como muitas das possibilidades de complementaridade e de interdependência entre os membros na elaboração de soluções sempre mais adequadas aos problemas que devem resolver juntos na execução da tarefa (148).

3) Critérios de integração

Por quais critérios se reconhece que o exercício da autoridade em grupo de trabalho favoreceu sua integração? Os mais significativos e reveladores são os três seguintes:

a) Validade das comunicações

O primeiro critério de integração é a validade das comunicações que se estabeleceram entre todos os membros do grupo, inclusive o responsável pelo trabalho. Possuímos vários dados convergentes a este respeito. Para serem válidas, as comunicações no interior de um grupo de trabalho pressupõem que seus membros já conseguiram, ao se integrarem, adotar uma linguagem comum, recorrer aos símbolos e aos códigos que lhe são próprios. Além do mais, os membros já aprenderam a se dar uma atenção mútua e a se conceder um interesse real. Sobretudo o líder do grupo já conseguiu estabelecer relações humanas igualitárias entre ele e os membros. Quanto mais estas relações se tornarem autenticamente igualitárias entre os membros e ele, mais a comunicação pode ser aberta e circular entre eles. Por outro lado, quanto mais a integração do grupo de trabalho finalizou-se sobre uma base de complementaridade e não de subordinação, mais as redes de comunicação se tornarão funcionais entre eles (31). Em contrapartida, se as relações tornam-se hierarquizadas ao se articularem, as linhas de comunicação no interior do grupo cedo ou tarde se estabelecerão em sentido único. Bloqueios e filtragens se multiplicarão, as relações interpessoais entre colegas ou com o responsável correrão o risco de se tornarem muito cedo negativas, deturpadas por mal-entendidos, equívocos ou ressentimentos que parecerão irredutíveis (33). Relações humanas rigidamente hierarquizadas em pequenos grupos de trabalho fatalmente originam enfrentamentos sofridos, polarizados por conflitos de prestígio, que por não poderem ser despersonalizados, em razão do clima de grupo, acabam deturpando a comunicação no interior do grupo de maneira insolúvel. A integração só poderá então ser artificial e aparente, se não for comprometida para sempre.

b) Coesão ideal

Os outros dois critérios decorrem imediatamente do primeiro. Uma vez a comunicação tornada válida no interior do grupo de trabalho, e os membros capazes de dialogar entre eles, de se sensibilizar melhor com tudo o que os torna diferentes mentalmente, suas relações interpessoais podem então atingir um alto grau de coesão. Por isso experimentam uma verdadeira culpa toda vez que são forçados a se ausentar das sessões de trabalho de grupo. Sentem a necessidade de explicar de antemão as razões de suas ausências, se estas razões são imperiosas, e de se desculpar junto ao grupo toda vez que sua ausência não lhes parece absolutamente motivada. Nos momentos de hesitações ou de fracassos, sua empatia transforma-se em solidariedade e lealdade. Esta coesão ideal, indício de que sua integração está finalizada, os tornará aptos a coordenar, sincronizar e sintonizar seus esforços em relação à tarefa. Este sentimento de pertencimento ao grupo, se adquirido em clima igualitário, não será sentido como uma fixação. A interdependência dos membros repousará em sua autonomia e em sua interdependência respectiva e com elas se conciliará (24), (27), (148).

c) Permeabilidade das fronteiras

O terceiro e último critério de integração de um grupo de trabalho é a permeabilidade das fronteiras. Um grupo de trabalho a atinge quando sua integração baseia-se em tamanha solidariedade que ela não é ameaçada pela partida ou ausência de um dos membros, nem comprometida pela chegada de novos membros. As angústias sentidas pelos membros quando se integram são então superadas. Foram desenvolvidas estruturas de acolhimento em relação a toda contribuição externa realmente positiva, sem que o grupo sentisse estar perdendo sua identidade (14), (36).

Autoridade e dinâmica do grupo de trabalho

Todas as pesquisas destes últimos anos são conclusivas pelo menos neste ponto, por isso é possível reafirmá-lo aqui: um grupo de trabalho não pode esperar ser eficaz de maneira duradoura enquanto seus membros não estiverem integrados, isto é, não tiverem estabelecido de forma decisiva relações interpessoais, na base da aceitação, da interdependência e da complementaridade (4), (23).

Mas uma vez realizada esta gênese do grupo e seus membros integrados, que papéis essenciais o líder deve assumir para obter uma participação máxima e ideal de cada um dos membros para a realização da tarefa? Veremos em detalhe que ele deve se tornar a partir deste momento um *catalisador* para o grupo (e permitir assim que a integração do grupo se intensifique) e simultaneamente ser um *coordenador* das operações do grupo para lhe permitir progredir para a execução da tarefa (115). Vejamos como:

1) Processos de solução de problemas em grupo

É graças a trabalhos sobre o fenômeno de "pensar em grupo" (113), (148), que foi possível determinar segundo que processos rigorosamente lógicos a solução de um problema em grupo deve ser buscada e encontrada. Vejamos primeiramente as *etapas essenciais*, depois as principais *perturbações* suscetíveis de deturpar estes processos. Veremos como e por que quando a autoridade exercida pode favorecer ou comprometer a progressão do grupo de trabalho (11).

a) É importante que os membros de um grupo de trabalho, assim que se sintam suficientemente integrados, procedam logo à *definição dos problemas* que os confrontam para executar juntos a tarefa que lhes é confiada, isto é, devem se preocupar em explorar as implicações e os objetivos da tarefa à qual querem se consagrar, delimitar suas fronteiras, planejar sua execução, fixando-se prazos para sua realização. Estes problemas serão definidos de forma válida se, no decorrer das trocas entre os membros, o líder conseguir sensibilizá-los para certos fatores de realidade, entre outros: suas disponibilidades respectivas e os recursos atuais do grupo. Depois vem uma segunda etapa, chamada fase de *promoção das ideias*. Uma vez a tarefa definida, o grupo de trabalho deve iniciar a busca dos elementos de solução dos problemas levantados por sua execução. Esta etapa para ser funcional, isto é, para marcar um progresso na direção da solução do problema, exige que os membros do grupo sejam estimulados e inspirados pelo líder a empregar todos os seus recursos criativos, dedicando-se ao longo desta fase a inibir suas funções críticas para que elas não esterilizem os processos inventivos do grupo. O importante então para um grupo de trabalho é produzir ideias, formular proposições, organizar todas as informações de que os membros dispõem para que no final desta fase ele esteja em posse de um inventário de todas as soluções possíveis para a execução da tarefa.

Na terceira fase, o senso crítico deve retomar seus direitos. Os membros devem proceder juntos a uma triagem entre as soluções realistas e as soluções utópicas que foram propostas ao longo da fase anterior. É a fase da *verificação*. Retendo apenas as soluções que se mostram conformes aos objetivos fixados e de acordo com os fatores de realidade, os membros do grupo são então capazes de proceder a uma *decisão* de grupo, isto é, de concordar por consenso com as soluções que devem ser adotadas para realizarem juntos a tarefa da maneira mais adequada. Uma vez a decisão tomada, eles só terão de passar à *execução da tarefa* (9).

b) Estas cinco maneiras ou estas cinco etapas essenciais à solução de um problema em grupo, todo grupo de trabalho deve aceitar superá-las e respeitar sua ordem. Cabe ao líder criar um clima de trabalho de forma que, mesmo levando em conta o ritmo e as modalidades de funcionamento de cada um, a progressão do grupo na realização da tarefa aconteça de acordo com as leis da dialética do "pensar em grupo". Alguns pesquisadores em psicologia social, por referência a este esquema ideal, puderam descrever diferentes tipos de *processos inacabados*. Devemos reter para nosso estudo que estes pesquisadores concordam em um ponto: em última análise é culpa de um *leadership* funcional em grupo de trabalho que estes processos sejam perturbados e deem, no trabalho do grupo, espaço às *fixações, desvios,* ou *regressões* (16), (24).

Segundo estas pesquisas, alguns grupos de trabalho "giram em falso". Depois de ter percorrido as três primeiras fases, a saber, a definição do problema, a promoção das ideias e a operação de verificação, o grupo não consegue tomar uma decisão final e recomeça sem parar novos ciclos de discussão. Estes grupos parecem atingidos de abulia coletiva. Outros grupos podem se satisfazer indefinidamente em certas fases. É o caso, sobretudo, da fase inicial, a da definição do problema. Isto acontece quando o grupo de trabalho é dominado por indivíduos que possuem uma inteligência de tipo verbal. Eles estão mais inclinados a resolver o problema em termos de sutilezas ou de acrobacias verbais do que a se preocupar em definir nitidamente os seus termos e suas implicações, bem como em saber retardar a solução enquanto as exigências da tarefa e os fatores de realidade em causa não forem suficientemente explorados. Este processo inacabado foi diagnosticado como um "bloqueio de uma fase". Enfim pode acontecer que alguns grupos de trabalho sintam-se tentados a não levar em conta certas fases, sobretudo a fase de promoção das ideias ou a da verificação. Esta "escamoteação" de uma ou de outra destas fases se traduz por uma incapacidade de chegar a soluções que sejam específicas e adequadas. As soluções adotadas então são estereotipadas e convencionais.

Por não possuir um líder funcional, isto é, que consiga ser simultaneamente para seu grupo de trabalho um catalisador no nível da integração e um coordenador no nível da tarefa, é que os processos de solução de problemas em grupo são perturbados ou deturpados. Sendo o líder demasiado passivo ou demasiado autoritário, os membros do grupo são encorajados a adotar tipos de comportamentos não funcionais em relação à tarefa a executar (23). São estes os dois tipos de comportamentos mais frequentes: alguns grupos são incapazes de fazer as escolhas que se impõem porque são dominados por membros obcecados em avaliar as consequências, em prever as repercussões, em analisar infinitamente a divisão das responsabilidades, em pedir sempre informações suplementares e em estabelecer comparações intermináveis. Eles se lamentam de dispor de muito pouco tempo. Remetem o tempo todo para depois ou para outros o cuidado de tomar os gestos decisivos.

Outros grupos de trabalho são, ao contrário, dominados por membros movidos pela impaciência de concluir e de acabar a tarefa. Eles suportam com dificuldade as etapas preliminares, um pouco à maneira como algumas inteligências de tipo intuitivo se acomodam mal às atitudes articuladas da dedução lógica. Percebem como urgente e imperiosa a necessidade de tirar rapidamente as conclusões e passar sem demora à execução da tarefa. Nos dois casos o *leadership* é de fato assumido, não pelo líder, mas pelos membros influentes, mas cuja influência se exerce de maneira negativa, dissolvente e esterilizante. A progressão do grupo na direção da execução da tarefa encontra-se comprometida (130), (136).

2) Exigências da tarefa e necessidades interpessoais

O líder de um grupo de trabalho é funcional, isto é, favorece de maneira decisiva a progressão para a execução da tarefa, se conseguir antes satisfazer as necessidades interpessoais dos membros, isto é, necessidades de inclusão, de solidariedade, de afeição e de controle (137). Fazendo isto, adotando atitudes de empatia e de presença atenta junto a cada um dos membros, ele cria climas de grupo que permitem que a integração dos membros se acentue, torne-se mais autêntica, mesmo sendo cada vez mais flexível. Esta é uma das tarefas constantes do líder. Ele não deve nunca negligenciá-la nem considerá-la como terminada. Mas ao mesmo tempo, e é aqui que muitos líderes de grupos de trabalho tropeçam, ele deve se preocupar em sensibilizar os membros de seu grupo às exigências da tarefa e garantir, por momentos, uma primazia a estas últimas sobre a satisfação das necessidades interpessoais. Sempre, por suas atitudes e seus comportamentos, ele deve inspirar em seus membros o desejo de se consagrar à tarefa, de se deixar polarizar cada vez mais por suas exigências, de consentir superar-se nela. Um líder consegue isto quando soube suscitar nos membros de seu grupo um desejo de se distinguir na tarefa, de criar juntos uma obra única que levará para sempre sua marca inalienável (131).

a) Pressões para a uniformidade e a conformidade

Para garantir este equilíbrio entre necessidades interpessoais e exigências da tarefa, e saber conceder às vezes uma primazia a estas últimas, o líder deve por seu lado saber imunizar seus membros contra uma inclinação, muitas vezes inconsciente, para ceder às pressões às vezes sutis, para a uniformidade e a conformidade. Ele deve se opor a estas pressões de grupo, tornando os membros conscientes e convidando-os com insistência a lhes resistir. Em que consistem estas pressões de grupo?

Dois fatos, confirmados por inúmeros estudos de observação sobre uma grande variedade de grupos de trabalho, foram extraídos como significativos a este respeito (10), (40). Eis o primeiro fato. Toda vez que seres humanos se reúnem para trabalhar em grupo, um acordo ou uma aliança tácita rapidamente se estabelece no grupo para operar uma separação entre aqueles participantes percebidos como astuciosos, dotados e competentes e aqueles percebidos como subdotados, ingênuos e incompetentes. Trata-se aqui, na maioria das vezes, de percepções subjetivas, apressadas ou mesmo gratuitas. Mas logo a participação dos primeiros tende a ser sobrevalorizada ao passo que a dos segundos é desvalorizada, e até ignorada.

O segundo fato é consequência inelutável do primeiro. Esta hierarquia de *status*, no interior mesmo dos grupos cujas estruturas de trabalho e de poder são as mais democráticas, tende a se cristalizar e a se esclerosar. O acordo das opiniões e das atitudes em relação a cada participante tende muito cedo a permanecer inalterado. Suas posições sociais respectivas no grupo de trabalho tendem a se estabilizar, a despeito do fato de que alguns participantes, aqueles que se sentem percebidos negativamente, façam consideráveis esforços para mudar seus *status* e modificar as percepções sociais de seus coparceiros (12), (33).

b) Participação móvel, marginal e modal

Desde o início da formação do grupo, aqueles que adquiriram um alto *status* têm a possibilidade de participar de maneira móvel e de se tornarem os *preferidos* do grupo. São eles que pressionam os membros percebidos como menos dotados e menos competentes para que pensem como eles, digam como eles, ajam como eles. Com isto, eles acabam adquirindo uma grande mobilidade de manobra no grupo e controlando as discussões e as decisões do grupo.

Os membros que têm um *status* pouco elevado reagem primeiramente por uma participação desviante. Em seguida, se eles têm alguma vitalidade e ao mesmo tempo falta-lhes lucidez sobre eles mesmos e sobre o outro, sua participação em grupo de trabalho poderá se tornar cada vez mais marginal. E, apesar das pressões para a uniformidade e a conformidade que sobre eles serão exercidas, se afirmarão sempre da maneira mais intempestiva, a ponto de se tornarem fatalmente os *rejeitados* do grupo. Por outro lado, as mesmas pressões de grupo no caso dos desviantes, que longe de serem enfatuados são inclinados a autodepreciação, chegarão rapidamente ao limite de suas resistências emotivas. Estas pressões de grupo os forçarão a adotar um tipo de participação modal, isto é, a aderir e a aquiescer incondicionalmente a tudo o que é proposto ou sugerido pelos preferidos do grupo. Consequentemente seu *status* social em grupo gradualmente se desvalorizará e estes membros se tornarão cedo ou tarde os *isolados* do grupo de trabalho (11), (118).

c) Interações circulares e contágio social

Se o líder não consegue desenvolver em seu grupo de trabalho *limites de vigilância* elevados, a interação social entre os membros, mesmo nos grupos de trabalho cuja organização formal é a mais democrática, tenderá a se degradar em um processo circular cada vez mais hermético e cada vez mais submetido às pressões sociais para a uniformidade e a conformidade no pensamento do grupo e em sua atividade de grupo.

Em consequência todo grupo de trabalho conhecerá em seguida uma *estratificação social* cada vez mais articulada e mais esclerosada. As necessidades interpessoais correm o risco de serem cada vez mais frustradas. Os recursos mentais de cada um dos membros não têm mais a possibilidade de se integrar em uma complementaridade de suas diferenças respectivas. Se os elementos criativos do grupo não reagem contra este nivelamento das diferenças mentais, muitas vezes os mais ricos em recursos inventivos, eles se esterilizarão em um clima de grupo, em que a comunicação humana não pode mais se transmitir senão de maneira seletiva (125), (148).

3) Critérios de eficácia no nível da tarefa

Por meio de que critérios reconhecer que o *leadership* em um grupo de trabalho é funcional, isto é, favorece ao máximo a eficácia no nível da tarefa. Por meio dos quatro seguintes critérios, segundo as pesquisas mais recentes (10), (23).

a) Utilização funcional dos recursos

O líder de um grupo de trabalho tornou-se funcional quando, ao assumir papéis de coordenador no nível da tarefa, torna os membros do grupo desejosos e capazes de explorar na execução da tarefa todos os recursos que lhe são acessíveis. O indício mais significativo de que este estágio foi alcançado é quando os membros de um grupo de trabalho não se consideram como desvalorizados porque recorrem a apoios externos. Toda contribuição construtiva será acolhida, não importando quem a faz. Em contrapartida, as sugestões de um especialista poderão ser rejeitadas caso lhe pareçam de nenhuma ou de pouca utilidade para a realização da tarefa, sem que o grupo sinta-se culpado. Além do mais estando as divergências de visões e de opiniões despersonalizadas, uma vez que as rivalidades entre os membros foram assimiladas, elas não correm mais o risco de degenerar em conflitos e em tensões internas. Em semelhante clima de grupo cada sugestão ou cada solução pode ser avaliada por seu mérito: ela é aceita ou rejeitada em razão apenas de seu valor objetivo (5), (11), (115).

b) Decisões tomadas por consenso

Um segundo critério de eficácia no nível da tarefa é a capacidade dos membros de tomar decisões por consenso. As decisões não são mais então a expressão da vontade de uma maioria imposta à minoria, que se une de má vontade, ou do abuso de poder de um líder autocrático. O líder funcional em grupo de trabalho é aquele que incita seus membros a tomar suas decisões apenas quando todas as opiniões e as objeções foram verbalizadas. As decisões tomadas são então a expressão de um profundo acordo por parte de todos sem exceção sobre as escolhas que o grupo pode e deve fazer nas circunstâncias presentes. Todos estão conscientes de que este acordo deve ser explícito e autêntico. Por isso ele só terá valor de decisão de grupo a partir do momento em que tiver sido sistematicamente verificado que todos a ele se vinculam com plena consciência das implicações de sua adesão (12), (15).

c) Maleabilidade dos procedimentos

O terceiro critério de maturidade de um grupo de trabalho revela-se na flexibilidade do grupo em introduzir procedimentos nas trocas entre os membros. O líder tem um papel decisivo a representar a este respeito. Eis como: todo grupo de trabalho, em fase de formação, tenta estruturar as interações dos membros com a ajuda dos procedimentos que lhe parecem mais apropriados para garantir uma progressão de suas tentativas de executar as tarefas que lhe são confiadas. Graças às atitudes não diretivas do líder, o grupo descobre que as regras de procedimento, que no início mostravam-se funcionais, devem ser abandonadas ou substituídas sempre que, variando as exigências da tarefa, revelem terem se tornado um fator de estagnação. Pouco a pouco, sob a influência determinante do líder, um grupo de trabalho aprende a recorrer às regras de procedimento apenas nos únicos momentos em que a comunicação entre os membros tornou-se incoerente ou em via de ser deturpada. O procedimento pode então contribuir para dissipar os equívocos e os mal-entendidos. Mas, a partir do momento em que espontaneamente a comunicação se restabelece de maneira funcional entre os membros, os procedimentos utilizados para acabar com as causas de filtragem ou de bloqueio são logo abandonados (16), (25).

d) Criatividade no plano da tarefa

Um grupo de trabalho só se torna criador quando, graças ao clima de grupo criado e mantido pelas atitudes do líder, a integração dos membros está finalizada, que um equilíbrio estável foi estabelecido entre as exigências da tarefa e as necessidades de solidariedade, equilíbrio que finalmente favorece uma *primazia das tarefas sobre as pessoas*. Além do mais, a criatividade em grupo e de grupo pressupõe que uma *complementaridade* entre os recursos mentais respectivos de cada um dos membros seja ao mesmo tempo autenticamente desencadeada e realmente desejada. As rivalidades uma vez assimiladas, o clima de grupo e o moral do grupo são polarizados por emoções de grupo de uma valência tal que cada um dos membros engaja na execução da tarefa o melhor de si mesmo e a ela consagra o melhor de suas energias (4), (36), (131).

Outro indício não menos significativo da criatividade de um grupo de trabalho é sua *aspiração à excelência*. Ela só surge quando os modos de abordagem, as trocas, as confrontações e os elementos de solução trazidos à tarefa provêm de modos de interação cada vez mais positivos (113). As motivações de grupo devem ter atingido neste estágio um alto nível de aspiração. Todos devem desejar se sobressair em grupo e realizar a tarefa da maneira mais perfeita. Neste ponto, podemos observar que os membros tornaram-se cada vez mais preocupados com o prestígio do grupo e com sua reputação. Este grupo de trabalho não se preocupa mais em fazer tão bem ou melhor do que os outros, seus membros desejam ser os únicos a realizar tarefas com esta alta qualidade. É nesta mesma medida que se tornaram criativos (37), (40), (131), (136).

Aptidões e atitudes fundamentais

Os trabalhos de C. Argyris (4), (5), de B.M. Bass (11), de L. Festinger (33), de T. Gordon (37), de M. Rokeach (130) e nossas próprias pesquisas permitem extrair e articular, pelo menos provisoriamente, a anatomia do *leadership* funcional em pequenos grupos de trabalho. Estes diversos autores o definem em termos de aptidões ou de atitudes fundamentais no exercício da autoridade. A partir daí, torna-se possível traçar o perfil psicológico do "líder ideal". Os traços essenciais de sua personalidade seriam os seguintes:

1) Ausência de dogmatismo

Em primeiro lugar, o líder de um grupo de trabalho deve possuir flexibilidade mental e emotiva em relação tanto à tarefa a ser executada, às estruturas de seu grupo quanto aos privilégios e prerrogativas de sua função. Rokeach (130), (131) conseguiu demonstrar que psicologicamente há equivalência entre dogmatismo de um lado e estreiteza de espírito, rigidez emotiva, autoritarismo, conformismo mental, estereotipia de rendimento de outro. Em contrapartida, o mesmo autor conseguiu estabelecer por seus trabalhos que a ausência de dogmatismo está em correlação significativa com a flexibilidade intelectual, a abertura ao outro, o acordo com o real, a disponibilidade ao acontecimento e, sobretudo, a criatividade.

A ausência de dogmatismo permite ao líder assumir seus papéis com um sentido constante do relativo de suas próprias opiniões, uma consciência aguda do caráter provisório de suas próprias decisões, do grau de subjetivismo de suas percepções de si e do outro. Por isso ele permanece aberto às consultas, receptivo às sugestões não importando de onde vêm, confiante nos recursos do grupo para liquidar seus próprios conflitos e aceder aos níveis e aos ritmos mais funcionais de criatividade. É também por isso que ele se recusa a todo absolutismo em seus propósitos, a toda intransigência em suas atitudes assim como renuncia a toda pretensão à infalibilidade e à irrevogabilidade em suas decisões.

É enfim a ausência de dogmatismo, segundo Gordon (37), que torna o líder capaz de adotar atitudes não diretivas no exercício de sua autoridade em grupo de trabalho. As múltiplas funções do *leadership*, que no início era o único a assumir, podem ser assim compartilhadas gradualmente por todos os membros do grupo. Mas o "*leadership* compartilhado" ou o exercício colegiado da autoridade só tem a oportunidade de ser funcional quando a ausência de dogmatismo do líder, favorecendo a livre expressão das ideias e, sobretudo, dos sentimentos, permitiu que pouco a pouco os membros se sensibilizassem em relação ao que fazia obstáculo às suas comunicações interpessoais e se tornassem assim capazes, a exemplo de seu líder, de participação em grupo cada vez mais móvel e flexível. Com o tempo, a abertura das comunicações, a integração e a solidariedade do grupo, a coordenação na progressão da tarefa, que no início eram preocupações quase exclusivas do líder, tornam-se assim a constante solicitude e a responsabilidade compartilhada de cada um dos membros do grupo.

2) Competência interpessoal

Em pequeno grupo de trabalho, a integração dos membros não poderia ser desencadeada, ainda menos finalizada, se os membros não sentissem uns pelos outros a estima e o respeito. Eles só se envolverão na execução da tarefa e se sentirão solidários em seu sucesso quando conseguirem verificar e se assegurar da competência de cada um. Trata-se então da competência que cada membro deve possuir na esfera *específica* da tarefa que devem realizar juntos. Mas não menos essencial para a integração e a criatividade de um grupo de trabalho é a competência do líder em se tornar um catalisador e um coordenador para seu grupo. Para assumir estes dois papéis-chave, o líder deve possuir uma competência fundamental ou *genérica*, que Argyris, depois de Lewin, chama de competência interpessoal (4). Ela lhe é tão essencial que na maioria dos casos bastaria para torná-lo perfeitamente funcional no exercício de sua autoridade.

A competência interpessoal constitui-se de um conjunto de aptidões e atitudes adquiridas, organicamente ligadas entre si. A ausência de dogmatismo lhe é pressuposta, genericamente falando. Essencialmente ela consiste em tornar o líder capaz de estabelecer com o outro relações interpessoais autênticas. Sendo capaz de autenticidade com o outro e também consigo, ele cria, então, apenas por sua presença junto aos outros, climas de grupo no interior dos quais as relações de trabalho possam evoluir: de formais, artificiais e estereotipadas, que poderiam ser no começo, tendem então a se tornar funcionais, espontâneas e criativas.

Para demonstrar, no exercício de sua autoridade, sua competência interpessoal, o líder deve então ter feito a aprendizagem da autenticidade. Deve ter aprendido assim a se libertar de seus medos, de si mesmo e do outro, a se objetivar em relação a si mesmo e ao outro a ponto de poder se aceitar e aceitar os outros incondicionalmente. Pois na maioria das vezes o que torna o líder incapaz de estar presente positivamente junto a cada um dos membros do grupo são suas atitudes defensivas em relação ao outro. Este é percebido como uma ameaça seja à integridade de seu ser, seja à segurança de seu devir, seja à miragem e às ilusões de seu parecer. Por isso ele sente uma necessidade compulsiva de afirmar sua autoridade. Enquanto permanecer defensivo, ele estará preocupado em proteger e salvaguardar seus direitos e seus privilégios, em não querer comunicar com o outro senão por meio dos canais formais, estruturados e definidos de maneira rigidamente hierarquizada. No interior de semelhantes redes ele reencontra sua segurança e pode, ou acredita poder, impor ao outro uma imagem carismática de seu poder, de seu *status*, de suas prerrogativas. Pouco a pouco, por um deslize fatal, ele não poderá mais perceber os outros nem ser percebido por eles a não ser através da máscara de uma autoridade que se vê infalível, imperturbável, onipresente.

Quando deixa de ser defensivo em relação a si mesmo e ao outro, o líder torna-se pouco a pouco capaz ao mesmo tempo de autoempatia e de aloempatia. Suas atitudes e seus comportamentos em grupo se tornarão então mais transparentes, suas comunicações com o outro mais abertas. Sua presença no grupo será percebida cada vez mais pelos membros como congruente e consoante. A partir deste momento, suas atitudes em relação ao líder deixarão de ser deturpadas ou pela dependência ou pela contradependência. E por sua vez deixarão de ser defensivos com ele e entre eles. Serão então capazes de fazer a aprendizagem de relações de interdependência baseadas na descoberta das possibilidades de complementaridade entre eles.

Todavia as relações interpessoais entre os membros de um mesmo grupo de trabalho só poderão desejar se tornar mais autênticas quando cada um se sentir aceito incondicionalmente pelo líder. Pesquisas recentes parecem comprová-lo (42). Mais explicitamente, os membros do grupo serão levados a desejar uma autenticidade no plano de suas relações de trabalho quando o líder tiver conseguido, pela qualidade de sua presença junto ao outro, estabelecer e manter um clima de grupo bastante tolerante. Cada um descobrirá então que pode ser plenamente ele mesmo. Para primeiro responder às expectativas do líder, e depois pouco a pouco do grupo, cada um deve no trabalho e pelo trabalho atualizar os recursos únicos que traz consigo. A partir de então sentirá a inutilidade de usar máscaras e não se preocupará mais em ser aceito a qualquer preço pelo líder e pelo grupo. Cada um, a partir deste momento, poderá se envolver na tarefa respeitando seus próprios ritmos e seus próprios modos de funcionamento. Livre, graças à competência interpessoal do líder, de toda pressão de grupo em direção à uniformidade e à conformidade, cada um dos membros experimentará, talvez pela primeira vez em sua vida, um clima de trabalho de grupo que lhe permite se libertar dos condicionamentos que até ali deturpavam tanto sua participação quanto seu rendimento. Aceitando-se a si mesmo e aceitando cada um dos membros incondicionalmente, o líder constituirá uma inspiração viva para seu grupo de trabalho. Com ele, cada um poderá aprender assim a romper com o hábito de ser, no plano de seu trabalho, apenas um objeto condicionado pelo mundo exterior, suas coerções, suas defesas, suas pressões para se tornar um ser livre, autônomo, um sujeito criador.

VIII
Do coletivo ao social

Há muito tempo o ser humano aprendeu a dissociar seus sofrimentos físicos de seus sofrimentos mentais ou morais, a distinguir os sofrimentos que experimentava em seu corpo dos que experimentavam sua alma, seu coração e seu espírito. Faz pouco tempo que as descobertas da psicologia social, mais exatamente da psicopatologia coletiva, nos fizeram tomar consciência de que o ser humano, para além, aquém ou à margem de seus sofrimentos pessoais pode sentir, quando se agrupa com outros indivíduos, todo um conjunto de perturbações psíquicas que podemos reunir sob o título genérico de angústias coletivas. Não é mais então o indivíduo que sofre em sua vida intrapessoal ou em suas relações interpessoais, isto é, suas relações de pessoa a pessoa ou de indivíduo atormentado, constrangido, explorado ou discriminado pelo grupo, mas é o grupo como tal, como totalidade dinâmica, irredutível aos indivíduos que o constituem, que é invadido pela angústia e se sente ameaçado de desintegração seja em sua vida ou em seu funcionamento intragrupo seja em suas relações intergrupais.

Estes estados de angústias coletivas, os grupos humanos parecem tê-los experimentados desde sempre, desde o dia em que a humanidade passou do estágio do "rebanho" para aceder ao estágio da "horda", isto é, segundo os dados mais recentes da antropologia cultural, desde o momento em que sob a influência e a ascendência dos "líderes natos" os seres humanos deixaram de se agrupar com base no modelo dos rebanhos e conseguiram constituir tribos. Em determinadas épocas da história, as angústias coletivas parecem mesmo ter tomado proporções quase planetárias. É o que nos ensinam os medievalistas em relação ao que chamam "o grande medo do ano 1000". Durante os anos que precederam o ano 1000, os povos cristãos em sua totalidade, sempre de acordo com as mesmas fontes, perceberam, com uma angústia crescente à medida que a data fatídica aproximava-se, que o mundo mergulharia em uma catástrofe universal, suas visões apocalípticas do futuro tornando-se cada vez mais delirantes (28). Quanto à nossa época, sua paz internacional no momento é fundada, segundo a expressão de Churchill, em um precário e muito frágil equilíbrio do terror experimentado há 20 anos pelos poderosos de nosso tempo com a perspectiva de uma guerra termonuclear.

Como definir e caracterizar estas angústias coletivas? Como explicá-las e interpretá-las? Como os grupos humanos podem se imunizar contra elas? Como conseguem delas se emancipar, delas se libertar? Como, enfim, o ser humano pode através delas se superar e aceder à autenticidade em suas relações com o outro?

Muitas questões às quais a psicologia social contemporânea só tem ainda respostas fragmentárias e provisórias a oferecer, mesmo depois de vários anos de pesquisas intensivas consagradas ao estudo científico destes fenômenos.

O balanço dos poucos dados definitivamente estabelecidos sobre este assunto revela a que ponto a psicologia social deve a Kurt Lewin a compreensão dos processos de socialização do ser humano. Nenhum outro problema relativo à gênese dos grupos e sua dinâmica poderia, melhor do que este, demonstrar a atualidade de suas descobertas.

Angústias coletivas e alienação mental

As angústias coletivas apresentam-se ao observador dos agrupamentos humanos como sintomáticas de perturbações psíquicas que, à primeira vista, assemelham-se estranhamente ao que os psicopatologistas descreveram como específicas às neuroses e às psicoses individuais.

Estas angústias coletivas são, na maioria das vezes, desencadeadas nos grupos que as experimentam por situações traumatizantes, revelando nestes grupos limites muito baixos de tolerância à frustração e índices de vulnerabilidade muito grandes nas situações ansiogênicas.

Na medida em que estes estados de angústia se prolongam, os grupos atingidos apresentam, segundo os casos e em graus diversos, os seguintes sintomas: eles se percebem ameaçados em sua integridade e em sua autonomia. Sua *imagem de grupo* bem como as imagens através das quais percebem os outros grupos acabam se tornando cada vez mais seletivas, ambivalentes e em alguns momentos absolutamente delirantes. Estes grupos, nestes momentos, tornam-se incapazes de se objetivar em relação a eles mesmos e em relação aos outros grupos.

Seus comportamentos de grupo e suas relações intergrupais deixam então pouco a pouco de ser funcionais. Eles tornam-se compulsivos, erráticos. Revestem-se de modalidades cada vez mais primitivas e tomam formas cada vez mais regressivas. Os grupos mais civilizados podem se entregar, então, sob o ataque do pânico, aos desregramentos pulsionais mais imprevisíveis e às extremas violências.

Estes comportamentos de grupo suscitados pela angústia coletiva são acompanhados ou são condicionados pelos reflexos e os mecanismos de defesa que nos foram tão sabiamente desmontados pelos grandes psicopatologistas de nosso tempo. Ora estes grupos, para escapar à sua angústia, realizam autojustificações de seus comportamentos e de suas atitudes coletivas e se satisfazem então com mitos, cuja exaltação é tão excessiva, que estranhamente evocam os delírios de grandeza de alguns paranoicos. Ora, quando seu *superego coletivo* toma as rédeas, estes mesmos grupos mergulham em estados depressivos, tornam-se corroídos por culpas obsessivas, cedem a mecanismos de autodepreciação e de autopunição que os conduzem a expressões de masoquismo coletivo. Então estes grupos entregam-se a incessantes autocríticas e praticam morbidamente a difamação sistemática de tudo o que pôde constituir sua identidade coletiva bem como seu próprio sistema de valores.

Mas, assim como no indivíduo neurótico e ainda mais no psicótico, o grupo humano entregue a uma angústia coletiva faz então a *experiência do vazio*, vive toda situação social sem poder lhe encontrar um sentido. Este estado parece-lhe absolutamente sem saída e ao se prolongar toma rapidamente proporções catastróficas para seu próprio ser. No limite, esta angústia, à medida que sua incapacidade de encontrar uma significação para as situações que ele vive aumenta, e que as ameaças de desintegração lhe parecem cada vez mais inelutáveis, pode levar, e de fato leva, alguns grupos, como aliás alguns indivíduos, ao suicídio ou à alienação. Se a angústia atinge o paroxismo e o reduz ao desespero, um grupo pode então decidir se destruir, se dissolver, se desintegrar por sua própria escolha ou procurar sua sobrevivência nas servidões e nas negações da assimilação.

Psicose de massa e despersonalização

Se as angústias coletivas apresentam semelhantes sintomas e parecem colocar em ação mecanismos tão familiares, por que recorrer ao esclarecimento da psicologia social e buscar sua compreensão do lado das descobertas da dinâmica dos grupos? A angústia coletiva não seria simplesmente constituída pela resultante puramente quantitativa de vários indivíduos predispostos à angústia e sentindo-a ao mesmo tempo, em diversos graus, em relação a uma mesma situação ansiogênica? De acordo com estas premissas, seria necessário em boa lógica concluir que apenas os grupos constituídos de neuróticos ou de psicóticos seriam suscetíveis de experimentar momentos de angústias coletivas e de nelas mergulhar.

À primeira vista parece ser assim. Ainda mais que o que se pode diagnosticar como patológico coletivo parece não tomar seu ponto de partida e seu ponto de chegada senão nos comportamentos e nos sentimentos das pessoas. Como aliás, à primeira vista, parece que o que é da competência da psicopatologia individual sempre tem como causas ou como condições contextos sociais. A partir de que número deixa-se o individual para aceder ao social? A estatística sempre teve dificuldade para responder a semelhantes questões que lhe parecem pseudoproblemas (46).

Mas então como explicar o que acontece? Perversões sexuais de um tipo determinado podem constituir apenas problemas individuais, devidos ou a problemas endócrinos, ou a montagens fortuitas de reflexos condicionados, ou a experiências precoces de sedução. Mas quando este gênero de perversões se generaliza em um meio determinado, quando infecta apenas este meio, com exclusão de outros meios vizinhos, o fenômeno patológico torna-se social.

Do mesmo modo, um delírio de perseguição pode ser o fato de um indivíduo. Mas que inúmeros delírios de perseguição girem em torno do mesmo tema, em torno, por exemplo, dos judeus, ou dos comunistas, ou dos esquerdistas, e que coletividades inteiras pareçam participar destas aberrações delirantes através de uma "projeção" sobre um mesmo inimigo comum, considerado como um bode expiatório, isto é então da competência da psicopatologia coletiva. Quando, por exemplo, um secretário da Defesa nos Estados Unidos chega a procurar comunistas debaixo da cama, enquanto que junto com o Senador MacCarthy e seu êmulos as massas americanas chegam a ver em toda parte comunistas, estamos diante de um fato de psicopatologia social (143). Direi o mesmo de todas as "espionagens", de todas as "caças às bruxas", de todas as "psicoses de massa" onde quer que elas ajam e quaisquer que sejam as justificativas dadas pela consciência clara.

Inversamente, é possível observar que, à luz de certos trabalhos recentes (124), parece que a expansão de algumas doenças, provocadas por causas não propriamente sociais – a malária ou o treponema pálido, por exemplo – resulta em graves desregramentos sociais. O sadismo profundo, constante e difuso de povos militares e conquistadores, como os assírios ou os astecas, coloca ao psicólogo da história problemas que ele não consegue resolver; e ainda mais que outros povos, também militares e conquistadores, não mostram a mesma perseverança nem a mesma imaginação na crueldade. É preciso reter a hipótese de alguns pesquisadores do passado (46), (143) que nos explicam, em parte, algumas características, que hoje nos desconcertam, na época do Renascimento ou da Reforma como, por exemplo, esta excitação, esta agitação, esta descontinuidade da consciência, esta desmedida dos "conquistadores" castelhanos, dos senhores elisabetanos ou dos *condottieris* italianos, à maneira de Cesar Borgia, pela difusão rápida e brutal da sífilis, então em plena virulência.

Enfim, pode até mesmo acontecer que um único indivíduo produza efeitos sociais patológicos ao comunicar seu mal – paranoia, megalomania ou mania de perseguição – a sociedades inteiras... Esse foi tipicamente, em nossa época, o caso de nações com uma densidade demográfica muito forte que por algum tempo se satisfizeram em seguir quase cegamente chefes que, se não eram loucos no ponto de partida, tornaram-se ao longo do caminho: um Adolf Hitler, que de acordo com tudo o que sabemos sobre ele atualmente, era pelo menos um neuropata avançado; um Stalin, ídolo da sexta parte do mundo, cujos antigos companheiros hoje nos revelam, um pouco tarde, que na embriaguez do seu poder absoluto tornara-se o tipo clássico do perseguidor-perseguido. Mesmo nestes casos em que uma doença puramente individual em sua origem torna-se social em seu final, apenas condições sociais propícias a seu desenvolvimento podem explicar que ela tenha tomado proporções coletivas.

Doenças psíquicas são propriamente sociais ou por suas causas ou por seus efeitos. Por isso podemos concluir que, quando um grupo humano é atingido de angústia coletiva, é destas doenças, em graus diversos, que ele sofre, são estes sintomas específicos que ele apresenta. Por isso apenas a psicopatologia coletiva está habilitada atualmente a nos explicar estes fenômenos de grupo. E eis como.

Regressões de grupo, contágio social, *leadership* carismático

Um primeiro dado parece estabelecido. A angústia coletiva desencadeia nos grupos, que ela invade e que habita, mecanismos e processos de regressão que dizem respeito às leis psicológicas que nos permitem explicar e interpretar os comportamentos de massa. A tal ponto que vários dados convergentes e concludentes, resultando de pesquisas recentes (42) sugerem atualmente que todo grupo humano que regride, quaisquer que sejam seu tamanho, sua composição, suas estruturas ou sua dinâmica, obedece às leis psicológicas que até aqui pareciam se aplicar somente aos fenômenos geralmente conhecidos sob o nome de *histeria coletiva* ou de *psicose de massas*. Estas leis são em número de quatro.

1) Em todo grupo, em processo de regressão, o equilíbrio psíquico comum se estabelece no mais baixo dos psiquismos individuais. Isto é, no nível dos instintos, e particularmente dos instintos de rebanho, aqueles de conservação e de agressividade. Esta lei verifica-se igualmente no plano intelectual e no plano moral. Nestas fases de regressão, os grupos mais sofisticados, mais altamente socializados tornam-se subitamente crédulos e impressionáveis, manifestando uma recepção apressada, instantânea aos boatos, aos rumores, às falsas notícias. A diminuição de seu julgamento e de seu espírito crítico torna-se quase total. Parece até mesmo que, quanto mais os rumores são emocionais, mais a sua credulidade é virulenta, que eles acionam de forma mais direta o medo, o ódio ou o ressentimento.

É a *lei do equilíbrio inferior*.

2) A segunda lei é *a lei da simplificação intelectual*

Todo grupo, em processo de regressão, começa a buscar *slogans*, estereótipos, ou procura se forjar mitos e se agarrar às definições simplistas das situações ansiogênicas às quais ele tenta sobreviver. Isto explica o domínio momentâneo que os preconceitos mais injustos podem adquirir sobre os grupos constituídos dos espíritos mais livres, mais adultos ou mais altruístas. Mesmo os nossos melhores cidadãos estão então prontos a responder a "um chamado às armas", para vingar "sua liberdade no sangue", libertar a terra do jugo dos comunistas ou da Igreja e da intransigência dos conservadores, convencidos de que "venceremos porque somos os mais fortes"!

3) A terceira lei é *a lei da multiplicação sentimental*

Qualquer que seja o grupo, em processo de regressão, experimenta emoções de grupo de uma intensidade extrema que tendem ao paroxismo.

Isto é verdadeiro principalmente para os paroxismos do medo, e é então que o pânico se instala, e que o medo de cada um é o medo de todos e vice-versa. Tudo torna-se então dramatizado quando não se transforma em melodrama, com suas simplificações, seus excessos, seus contrastes e sua enorme sentimentalidade.

4) A quarta lei é *a lei dos contrastes*

Todo grupo humano em via de regressão passa facilmente de um extremo ao outro, oscila de um paroxismo ao paroxismo contrário.

É o próprio paroxismo que deseja estes contrastes e torna então todo grupo humano ciclotímico. O observador atento pode constatar que nestas fases de angústias coletivas o grupo que está perturbado passa, sem razão aparente, da hostilidade à simpatia, da agressividade ao pânico, da esperança ao desespero. Em alguns minutos, ele pode oscilar da aglomeração ao deslocamento espontâneo, seja pela dispersão do centro de interesse que momentaneamente o tinha absorvido, seja simplesmente sob o efeito de um medo súbito, na maioria das vezes imaginário.

Como se explicam, se conhecemos melhor, os comportamentos regressivos dos grupos atingidos pelas angústias coletivas, e, por outro lado, graças a algumas descobertas da dinâmica dos grupos (14), aprendemos como e por que alguns grupos pouco a pouco se tornam contaminados socialmente, como gradualmente o contágio social se infiltra, sem que saibam, no interior de suas estruturas e de repente perturbam seu funcionamento. As mais imprevisíveis reações em cadeia tornam-se então possíveis, tornando estes grupos vulneráveis a choques emotivos e a traumatismos de grupo, e nesta ocasião são invadidos pela angústia coletiva e surgem os sintomas descritos mais acima. Na maioria das vezes estes processos acontecem em três tempos, segundo um roteiro muito pouco variável, que podemos articular e descrever da seguinte maneira:

1) Primeiramente se produz um contágio social ou uma *contaminação social* no grupo. E agora sabemos que para um grupo ser afetado ou atingido são necessários vários pressupostos:

a) *Do lado dos membros do grupo*: é apenas nos momentos de conflitos ou de tensões internas ou externas que o contágio social tem oportunidade de acontecer. Estes conflitos e estas tensões, interpessoais ou intergrupais, devem ser de uma intensidade mínima para tornar os membros ansiosos, levá-los a enfrentamentos, encurralá-los com ameaças de ruptura que os deixam atormentados com remorsos e culpa.

b) *Do lado do líder*. Nestes momentos de crise basta que o líder, por seus comportamentos, suas atitudes, suas iniciativas ou simplesmente pelo tipo de presença exercida em seu grupo, dê prova de uma ausência de ansiedade, mostre-se impermeável ao remorso e a qualquer sentimento de culpa para que os membros espontaneamente, senão compulsivamente, solucionem seus conflitos no sentido em que o líder sugere ou ordena, identificando-se emotivamente a ele. Este contágio daquilo que está sem conflito sobre o que está em conflito acontece de repente, instantaneamente, segundo duas leis do inconsciente coletivo que parecem valer para todos os agrupamentos humanos, sendo a primeira, a "magia de exoneração do ato iniciador", e, a segunda, a "compulsão à repetição espacial".

Os psicólogos sociais que descobriram estas leis da dinâmica inconsciente dos grupos e as descreveram nos mais satisfatórios termos operacionais nos ressaltam que o líder que desencadeia estas reações em cadeia e cria climas de grupo propícios ao contágio social não é necessariamente o líder oficial, nominal, aquele a cargo do *headship* do grupo, mas aquele que de forma dinâmica, de maneira determinante e decisiva, naquele momento exato de seu devir, serve de núcleo de cristalização para o grupo, em torno do qual os processos de grupo e seus mecanismos podem agir.

c) *Do lado do grupo*: para que os membros cedam ao contágio, e sem que o saibam, deixem-se contaminar, é importante que o grupo tenha atingido um nível mínimo de integração que torne os membros capazes, no mesmo momento, de sentir as mesmas emoções de grupo e se tornem capazes de adotar os mesmos comportamentos de grupo. Além do mais é essencial que aquele que se torna então o líder real do grupo, sugerindo novos comportamentos e soluções aparentemente mágicas a seus conflitos, não pratique rupturas demasiado radicais com os valores fundamentais aos quais até aqui o grupo aderiu. Senão, é o desespero ou o pânico.

2) O contágio social favorece a manipulação arbitrária do grupo pelo líder, o que inelutavelmente, cedo ou tarde, degenera em *choque emotivo*. Este é o segundo momento do roteiro.

O choque emotivo sempre é precipitado por uma crise de *leadership*. O líder que até então exercera magicamente seu domínio sobre o grupo, ao qual os membros, nos momentos críticos, tinham se identificado compulsivamente, torna-se subitamente percebido como uma ameaça para o grupo. Na maioria das vezes por ter sabotado ou rompido de maneira irreversível com o código de valores do grupo em seus elementos mais essenciais.

É quando o grupo sente-se ameaçado de desintegração, que ele dolorosamente faz a experiência do vazio, que seu devir e seu futuro lhe aparecem obstruídos e sem saída possível. Os momentos de angústia que um grupo vive então parecem precipitá-lo na catástrofe, de modo irrevogável.

Para escapar a esta angústia e não se entregar a suas pulsões de autodestruição, para conservar algum controle, o grupo tenta por instinto de conservação projetar para fora suas angústias coletivas, segundo formas mais ou menos variadas, que sem exceção parecem se reduzir aos mecanismos de *acting-out* ou de passagens ao ato, caracterizados pelas regressões coletivas que já tentamos explicar mais acima.

3) Na maioria dos casos, a angústia coletiva raramente constitui a ocasião de uma superação ou de um crescimento para o grupo. E isto por razões que começamos apenas a compreender e que demonstraremos na conclusão. Com muita frequência, os agrupamentos humanos desenvolvem apenas limites muito baixos de tolerância à angústia coletiva. Eles são logo submersos e nela inevitavelmente mergulham. Isto constitui, infelizmente, o "final" ou o desfecho trágico do roteiro que a história de tantos grupos tão tristemente poderia ilustrar.

Como já vimos, é quase sempre por meio de uma crise de *leadership* que se inicia a desintegração dos grupos. Os choques emotivos que os abalam fazem surgir então angústias que os desnorteiam e os empurram às mais extremas regressões. Até o momento em que para tentar se controlar e escapar da deriva eles buscam desesperadamente alguma solução mágica própria no nível em que tudo lhes pareceu começar a se deteriorar, ou seja, no nível do *leadership*. Eles veem ou só querem ver salvação em um novo líder que trazem das profundezas de seu inconsciente coletivo. Estão em busca de um arquétipo, de uma figura paterna, de um líder carismático que operará o salvamento mágico e garantirá de maneira milagrosa a sobrevivência do grupo. Os pequenos grupos estão dispostos então a se fundir nos grandes conjuntos, os grupos maiores a se deixar absorver por novos e mais vastos conjuntos.

É a forma típica e clássica do nascimento do herói ao qual tudo se delega, a favor de quem tudo se abandona, mesmo seus bens mais sagrados, sua liberdade e sua autonomia pessoal, por quem se está disposto a tudo sacrificar para segui-lo, mesmo em suas aventuras mais dementes. Então, na medida em que o herói não decepciona, em que se mostra momentaneamente salvador do grupo, em que ele opera as recuperações desejadas, os grupos que se identificam com ele estão dispostos a todas as servidões, a todas as dependências. O que os grupos exigem é que assuma todas as responsabilidades e tome em mãos o controle e o destino do grupo. E também que os desculpabilize dos exageros e das violências às quais os membros recorreram antes que ele aparecesse. E enfim que ele lhes dê um novo código de valores coletivos, novos mitos, uma nova ideologia, aos quais possam aderir e encontrar, por um breve momento, algumas razões de se autoglorificar, depois de tanta vergonha e humilhações. O grupo convida então seu herói-salvador a todos os excessos no exercício de um poder que se querer absoluto para ele. Isto significa abrir mais uma vez a via para o autocratismo, as mistificações, o arbitrário e, em curto prazo, para novas crises de *leadership*, novos choques emotivos, novas angústias coletivas mais agudas, que desta vez se terminam com frequência por quedas de regimes e por necroses coletivas. Ainda que a história avance segundo algumas constantes e marque alguns progressos, na maioria das vezes são os grupos humanos que pagam o preço, e para eles sem isto a dança não avança, por não aprenderem a se superar em seus momentos de angústia, no entanto inerentes a qualquer crescimento psíquico.

Socialização do *homo electronicus*

A humanidade aprendeu de forma sofrida, dolorosa, depois de intermináveis desvios e longas hesitações, a passar do estado gregário ao estado tribal. Resta-lhe cruzar a etapa decisiva: a passagem do coletivo ao social. Na maioria das vezes, os agrupamentos humanos alternam, por períodos, entre o coletivo e o infrassocial.

Mesmo nas sociedades ocidentais mais civilizadas, a industrialização e a urbanização, ao mecanizar e racionalizar demais as tarefas humanas, ao estandardizar ao extremo o lazer, como é tipicamente o caso no continente norte-americano, só conseguiram até agora criar coletividades em que o ser humano se torna anêmico psiquicamente e se encontra em pouco tempo despersonalizado e alienado de seu meio. O cidadão ocidental médio, *the average man*, sente ao longo do dia se exercer sobre ele, de forma sutil, mas implacável, pressões de grupos que o obrigam a uma maior conformidade em seus comportamentos e suas atitudes, a uma maior uniformidade em suas percepções e seus valores.

É para escapar a este anonimato, para encontrar possibilidades de expressão de si e de afirmação de si; é também para *conquistar uma identidade* qualquer nesta massa que o aprisiona e o sufoca, que o ser humano contemporâneo sente tanto a necessidade de se agrupar. É a integridade de seu eu profundo que de forma mais ou menos consciente, mas a justo título, ele sente ameaçada pelos nivelamentos de seu meio. É então, na maioria das vezes, para escapar ao seu ambiente coletivo e às suas pressões em direção à mediocridade, para permitir a atualização das suas aspirações mais legítimas que o homem, na era eletrônica, busca tão desesperadamente sua salvação na adesão a grupos políticos, religiosos, sociais ou outros, da forma como as democracias, de hoje, produzem em quantidade insuspeita!

Mas na maioria das vezes o *homo electronicus*, ao tentar se subtrair da massa onde se esvazia para se integrar a grupos onde possa se desenvolver, tropeça em duas pedras. A primeira é aderir espontaneamente a um mito muito tenaz em nossas civilizações industriais que deseja que a estratificação social aconteça *pela diversificação em subgrupos homogêneos*. Por isso, pelo mimetismo na maioria das vezes, ele se identifica irresistivelmente, em sua busca de uma identidade pessoal, com grupos homogêneos baseados ou nas similitudes de idade, sexo, cultura, ou nas identidades de interesse que devem ser protegidos ou defendidos. Longe de ajudá-lo a se socializar, a aceder a mais altruísmo, os grupos homogêneos, em razão da própria dialética de sua composição, podem se tornar intolerantes, alérgicos às diferenças no outro, a multiplicar, por mecanismos de defesa, as barreiras psicológicas, a tornar as distâncias sociais e os abismos psicológicos entre grupos intransponíveis.

A outra pedra com a qual se choca o homem contemporâneo que busca dar um sentido à sua existência aderindo a um grupo é ceder à miragem do número e acreditar ingenuamente que um grupo humano evolui, cresce, na medida em que se amplia, aumenta o máximo possível o número de seus membros. Ora, sabemos muito bem, e principalmente sabemos melhor por que a *expansão puramente quantitativa de um grupo* provoca fatalmente sua esclerose. Suas estruturas tendem então a se hierarquizar da maneira mais rígida, seu *leadership* a se tornar cada vez mais autocrático, as comunicações intragrupo se estabelecerem de maneira vertical, tornando as relações humanas cada vez mais artificiais, as manipulações dos membros para fins demagógicos cada vez mais frequentes e infelizmente eficazes. O pobre indivíduo, que tinha acreditado poder se valorizar e se atualizar ao escapar do *melting pot* inexorável das massas, ao aderir a grupos mais homogêneos encontra-se com frequência, depois de pouco tempo, mais alienado do que nunca e submetido a pressões de grupo não menos tirânicas, não menos despersonalizantes.

Para o homem contemporâneo que quer se socializar ou se ressocializar por meio e para além de suas angústias coletivas, só existe atualmente, em nossa opinião, uma via de salvação: aceitar encontrar, no plano do trabalho bem como no do laser, *oásis privilegiados* onde possa se reabastecer conseguindo se integrar a grupos ao mesmo tempo restritos e heterogêneos. Restritos em seu tamanho, heterogêneos em sua composição. Restritos, mas não fechados ou fechados sobre si mesmos, tornando-se ao contrário cada vez mais abertos sobre o outro e tudo o que o outro faz. Sobretudo grupos preocupados em se questionar periodicamente, em conservar suas estruturas e garantir à sua dinâmica a flexibilidade e a coesão que favorecem ao máximo a criatividade de seus membros. É somente em tais grupos que o homem contemporâneo, que nele desejaria se engajar, poderia, segundo seus modos e seus ritmos próprios, realizar com seres diferentes dele, mas igualmente motivados, a aprendizagem da complementaridade em suas relações interpessoais. Ele descobriria que o altruísmo, a solidariedade humana, a fraternidade humana, para favorecer a superação de si, pressupõem que elas sejam vividas em climas de grupo em que as comunicações são abertas, válidas e adequadas. Ele aprenderia que a integração de um grupo não se edifica sobre a negação das identidades de cada um. A integração de um grupo para ser verdadeira, para se traduzir em vínculos de interdependência duradoura, pressupõe a conquista por cada um de sua autonomia pessoal. Acima de tudo, é em pequenos grupos heterogêneos que a mulher e o homem de nosso tempo podem mais validamente fazer a aprendizagem da perfeita liberdade de expressão no respeito do outro. É somente nestes climas de grupos igualitários que eles podem encontrar a possibilidade de descobrir que a autenticidade das relações interpessoais pressupõe a aceitação incondicional de si e do outro. Então, e somente então, toda relação humana se tornará para eles, segundo a expressão de Martin Buber, o encontro de um tu e de um eu.

Referências

1 ALLPORT, G.W. The genius of Kurt Lewin. *J. Personal.*, I, n. 1, 1947.

2 ALLPORT, G.W. *The nature of prejudice.* Boston: Addison-Wesley, 1954.

3 ARDOINO, J. *Communication et relations humaines.* Institut d'Administration des Entreprises de Bordeaux, 1966.

4 ARGYRIS, C. *Interpersonal competence and organizational effectiveness.* Homewood, Ill.: The Dorsey Press, 1962.

5 ARGYRIS, C. *Intergrating the individual and the organization.* Nova York: John Wiley & Sons, 1964.

6 ARON, R. *Dix-huit leçons sur la societé industrielle.* Paris: Gallimard, 1962.

7 ARON, R. *Les étapes de la pensée sociologique.* Paris: Gallimard, 1967.

8 BALES, R.F. *Interaction process analysis.* Cambridge: Addison-Wesley Press, 1951.

9 BALES, R.F. & STRODTBECK, F.L. Phases in group problem solving. *J. Abnorm. Soc. Psychol.*, 46, p. 485-495, 1951.

10 BALES, R.F. Small group theory and research. In: MERTON, R.K. *Sociology today:* problems and prospects. Nova York: Basic Books, p. 293-305, 1959.

11 BASS, B.M. *Leadership, psychology and organizational behavior.* Nova York: Harper & Brothers, 1959.

12 BAVELAS, A. Communications patterns in task oriented group. *J. Accoustical Soc. of Amer.*, 22, p. 725-730, 1950.

13 BELL, G.B. & FRENCH, R.L. Stabilité dans la position de chef dans de petits groupes de composition variable. In: BROWNE, C.G. & COHN, T.S. (org.). *Chefs et meneurs.* Paris: Presses Universitaires de France, 1963.

14 BENNIS, W.G.; SCHEIN, E.G.; BERLEW, D.E. & ETEELE, F.I. *Interpersonal Dynamics.* Homewood, Ill.: The Dorsey Press, 1964.

15 BERKOWITZ, L. Le partage du commandement dans de petits groupes de decision. In: BROWN, D.G. & COHN, T.S. (orgs.). *Chefs et meneurs.* Paris: Presses Universitaires de France, 1963.

16 BERNE, E. *The structure and dynamics of organizations and groups.* Montreal: J.B. Lippincott, 1963.

17 BION, W.R. *Experiences in groups.* Londres: Tavistock Institute, 1961.

18 BONNER, H. Field theory and sociology. *Social Soc. Research,* 33, n. 3, p. 171-179, 1949.

19 BRADFORD, L.P.; GIBB, J.R. & BENNE, K.D. *T-Group theory and laboratory method.* Nova York: John Wiley & Sons, 1964.

20 BROWN, J.F. The methods of Kurt Lewin in the psychology of action and affection. *Psychol. Rev.*, 36, p. 200-221, 1929.

21 BUBER, M. *La vie en dialogue.* Paris: Aubier, 1959.

22 CARTER, L.F. Leadership and small-group behavior. In: SHERIF, M. & WILSON, M.O. (orgs.). *Group relations at the crossroads.* Nova York: Harper & Brothers, p. 257-284, 1953.

23 CARTER, L.F. & NIXON, M. Recherches sur les rapports entre quatre critères d'apptitude au commandement pour trois tâches différentes. In: BROWNE, C.G. & COHN, T.S. (orgs.). *Chefs et meneurs*. Paris: Presses Universitaires de France, 1963.

24 CARTWRIGHT, D. & FESTINGER, L. A quantitative theory of decision. *Psychol. Rev.*, 50, p. 595-621, 1943.

25 CARTWRIGHT, D. & ZANDER, A.F. (orgs.). *Group dynamics: research and theory*. Evanston, Ill.: Row, Peterson & Co., 1953.

26 CARTWRIGHT, D. *Studies in Social Power*. Ann Arbor: University of Michigan, 1959.

27 CATTEL, R.B. New concepts for measuring leadership in terms of group syntality. *Hum. Rel.*, 4, p. 161-184, 1951.

28 CAZEUNEUVE, J. *Les mythologies à travers le monde*. Paris: Hachette, 1966.

29 COLLINS, B.E. & GUETZKOW, H. *A social psychology of group processes for decision-making*. Nova York: John Wiley & Sons, 1964.

30 DEUTSCH, M. Field theory in social psychology. In: LINDZEY, G. (org.). *Handbook of social psychology*. Cambridge: Mass, Addison-Wesley, p. 181-222, 1954.

31 FESTINGER, L. Wish, expectation and group standards as factors influencing level as aspiration. *J. Abn. Soc. Psychol.*, 37, 184-200, 1942.

32 FESTINGER, L. A theorical interpretation of shifts in level of aspiration. *Psychol. Rev.*, 49, p. 235-250, 1942.

33 FESTINGER, L. *A theory of cognitive dissonance*. Stanford: Stanford University Press, 1957.

34 FRENCH, T. A review of "A dynamic theory of personality" and "The principles of topological psychology", by Kurt Lewin, *Psychol. Anal. Quarter*, 6, p. 122-128, 1937.

35 GIROD, R. *Attitudes collectives et relations humaines*. Paris: Presses Universitaires de France, 1953.

36 GOLEMBIEWSKI, R.T. *The small group*: an analysis of research concepts and operations. Chicago: The University of Chicago Press, 1962.

37 GORDON, T. *Group-centered leadership*. Nova York: Houghton Mifflin, 1955.

38 GURVITCH, G. *Déterminismes sociaux et liberté humaine*. Paris: Presses Universitaires de France, 1955.

39 HESNARD, A. *Psychanalyse du lien interhumain*. Paris: Presses Universitaires de France, 1957.

40 HEIDER, F. *The psychology of interpersonal relations*. Nova York: John Wiley & Sons, 1958.

41 HILGARD, E.R. Lewin's topological and vector psychology. In: *Theories of learning*, cap. 8, p. 209-233, 1948.

42 KAHN, R.L.; WOLFE, D.M.; QUINN, R.P. & SNOEK, J.D. *Organizational stress studies in role conflict and ambiguity*. Nova York: John Wiley & Sons, 1964.

43 KNICKERBOCKER, I. Le commandement: une conception et quelques-unes de ses implications. In: BROWNE, C.G. & COHN, T.S. (orgs.). *Chefs et meneurs*. Paris: Presses Universitaires de France, 1963.

44 KRECH, D. Dynamic systems, psychological fields and hyphothetical constructs. *Psychol. Rev.*, 57, p. 283-290, 1950.

45 KRECH, D.; CRUTCHFIELD, R.S. & BALLACHEY, E.L. *Individual in society*. Toronto: McGraw-Hill Book, 1962.

46 LANG, K. & LANG, G.E. *Collective dynamics*. Nova York: T. Crowell, 1961.

47 LEEPER, P. Some critical revisions and extensions of Lewin's topological and hodological psychology. *Proceedings 47th meeting. Amer. Psychol. Assoc.*, p. 502, 1943.

48 LEEPER, R.W. *Lewin's topological and vector psychology*. Eugene, Or.: University of Oregon Press, 1943.

49 LEWIN, K. Les types et les lois de la psychologie. *Pour l'Ère Nouvelle*, 8, p. 251-252, 1929.

50 LEWIN, K. Environmental forces in child behavior and development. In: MURCHISON, C. *Handbook of child psychol.*, p. 94-127, 1931. Repr. in: LEWIN, K. *Dynamic theory of personality*, 1935.

51 LEWIN, K. The conflict between Aristotelian and Galileian of thought in contemporary psychology. *J. Gen. Psych.*, 5, p. 141-177, 1931. Repr. in: LEWIN, K. *Dynamic theory of personality*, 1935.

52 LEWIN, K. Vectors cognitive process and Mr. Tolman's criticism. *Genet. Psychol.*, 8, p. 318-345, 1933.

53 LEWIN, K. The psychological situation attending reward and punishment. *Shr. Psychol. Pedag.*, 1, p. 31-76, 1933.

54 LEWIN, K. Education for reality. In: LEWIN, K. *Dynamic theory of personality*, p. 171-179, cap. V, 1935. De: "Erziehung Zur Realität". *Neue Erziehung*, 1931.

55 LEWIN, K. The psychological situation of reward and punishment. In: LEWIN K. *Dynamic theory of personality* 1935, p. 114-170, cap. IV. De: "Die psychologische Situation bei Lohu und Strafe", 1931.

56 LEWIN, K. *A dynamic theory of personality*. Nova York: McGraw Hill Book, 1935.

57 LEWIN, K. A dynamic theory of the feeble minded. In: LEWIN, K. *A dynamic theory of personality*, 1935, p. 194-274, cap. VII. De: "Theory des Schwachsinns". In: *Hommage à Decroly*. [Bélgica]: [s.e.], 1933.

58 LEWIN, K. Psycho-sociological problem of a minority group. Charact. & Personal, 3, p. 175-187, 1935. Repr. in: LEWIN, K. *Resolving social conflicts*, p. 147-158, 1948.

59 LEWIN, K. *Principles of topological psychology*. Nova York: McGraw Hill Book, 1936.

60 LEWIN, K. Psychology of success and failure. *Occupations*, 14, p. 926-930, 1936.

61 LEWIN, K. Some social psychological differences between the United States and Germany. Charact. & Personal., 4, p. 278, 1936. Repr. in: LEWIN, K. *Resolving social conflicts*, p. 3-33, 1948.

62 LEWIN, K. Psychoanalysis and topological psychology. Bull. Menninger Clinic, 1, p. 202-212, 1937.

63 LEWIN, K.; BARKER, R. & DEMBO, T. Experiment on frustration and regression in children. Psychol. Bull., 34, p. 754-755, 1937.

64 LEWIN, K. Will and needs. In: ELLIS. *Source books of Gestalt Psychology*, 1938, De: "Vorsatz, Wille und Bedürfurss. *Psychol. Forsch.*, 7, p. 294-385, 1926. Traduzido e condensado.

65 LEWIN, K. Experiments on autocratic and democratic atmospheres. Soc. Frontier., 37 (4), p. 316-319, 1938.

66 LEWIN, K. The conceptual representation and the measurement of psychological forces. In: DUKE. *Contribution to psychological theory*, vol. I, n. 4, 1938.

67 LEWIN, K. Field theory and experiment in social psychology: concepts and methods. *Amer. J. Sociol.*, 44, p. 868-896, 1938. Repr. in: FIELD. *Theory in social science*, p. 130-154, 1951.

68 LEWIN, K. When Facing danger. *Jewish Frontier*, set./1939. Repr. in: LEWIN, K. *Resolving social conflicts*, p. 159-168, 1948.

69 LEWIN, K. Experiment in social space. *Harvard educat. Rev.*, 1 (9), p. 21-32, 1939. Repr. in: LEWIN, K. *Resolving social conflicts*, p. 71-83, 1948.

70 LEWIN, K.; LIPPIT, R. & WHITE, R.K. Patterns of agressive behavior in experimentally created social climates. *J. Soc. Psychol.*, 10, p. 271-299, 1939.

71 LEWIN, K. & LIPPIT, R. An experimental approach to the study of autocracy and democracy: A preliminary note. *Sociometry*, 1, p. 292-300, 1939.

72 LEWIN, K. & LIPPIT, R. Field theory and experiment in social psychology (Accepted for publication in the May issue of the *Am. J. Social*), 1939.

73 LEWIN, K. Brinding up the Jewish child. *Menorah J.*, 28, p. 29-45, 1940. Repr. in: LEWIN, K. *Resolving social conflicts*, p. 169-185, 1948.

74 LEWIN, K. Intelligence and motivation. *Yearbook Nat. Soc. Stud. Educat.*, 39 (I), p. 297-305, 1940.

75 LEWIN, K. The background of conflict in marriage. In: JONG, M. (org.). *Modern Marriage*. Nova York: Crofts, cap. IV, 1940. Repr. in: LEWIN, K. *Resolving social conflicts*, p. 84-102, 1948.

76 LEWIN, K. Studies in topological and vector psychology: I: Formalization and progress in psychology. *Iowa Stud. Child Welf.* 16, n. 3, p. 9-42, 1940. Repr. in: LEWIN, K. *Field Theory and social science*, p. 1-29, 1951.

77 LEWIN, K. Personal adjustement and group belongingness. *Servith. Soc. Service Quart.* 17, n. 41, p. 362-399, 1941.

78 LEWIN, K. Self hatred among Jews. *Contemporary Jewish Record*, IV, p. 219-232, 1941. Repr. in: LEWIN, K. *Resolving social conflicts*, p. 186-200, 1948.

79 LEWIN, K. *Democracy and the school understanding the child*, 1941.

80 LEWIN, K.; BARKER, R. & DEMBO, T. Frustation and regression: an experiment with young children. *Univ. of Iowa Studies in Child Welf.*, 18, n. 1, 1941. Repr. in: LEWIN, K. *Field theory in social sciences*, p. 87-129, cap. I, 1951.

81 LEWIN, K. Time perspective and morale. In: WATSON, C. (org.). *Civilian Morale*, 1942. Repr. in: LEWIN, K. *Resolving social conflicts*, p. 103-104, 1948.

82 LEWIN, K. Changes in social sensitivity in child and adult. *Childhood Educat.*, 19, p. 53-57, 1942.

83 LEWIN, K. A profile measure of morale abstract. *Psychol. Bull.*, 39, p. 449, 1942.

84 LEWIN, K. Field theory or learning. In: NELSON, H.B. (org.). *The Psychology of learning*. 41th Yearbook of the Nat. Soc. for the Study of Education. Part II. Bloomington, Ill., 1942. Repr. in: LEWIN, K. *Field theory in social science*, p. 60-86, 1951.

85 LEWIN, K. *The relative effectiveness of a lecture method and a method of group decision for changing food habits* (mimeo.). Comm. on Food Habits, Wat. Res. Council Wash., 1942.

86 LEWIN, K. & BAVELAS, A. Training in democratic leadership. *J. ABN. Soc. Psychol.*, 37, p. 115-119, 1942.

87 LEWIN, K. The special case of Germany. *Publ. Opin. Quarter.*, p. 555-556, 1943. Repr. in: LEWIN, K. *Resolving social conflicts*, p. 43-55, 1948.

88 LEWIN, K. Cultural reconstruction. *J. ABN. Soc. Psychol.*, 38, p. 166-173, 1943.

89 LEWIN, K. Forces behind food habits and methods of change. *Bull. Nat. Res. Counc.*, CVIII, p. 35-65, 1943. Repr. in: LEWIN, K. *Field theory of social science*, p. 170-187, 1951.

90 LEWIN, K. Psychology and the process of group living. *J. Soc. Psychol.*, p. 113-131, fev./1943. Repr. in: LEWIN, K. *Field theory in social science*, p. 155-169, 1951.

91 LEWIN, K. Defining the field at a given time. *Psychol. Rev.*, 50, p. 292-310, 1943. Repr. in: LEWIN, K. *Field theory in social science*, p. 43-59, 1951.

92 LEWIN, K. Dynamics of group action. *Educat. Leadership*, 1, p. 195-200, 1944.

93 LEWIN, K. Jewish education and reality. *Jewish Education*, 15, n. 3, 1944.

94 LEWIN, K. A research approach to leadership problems. *J. Educat. Sociol.*, 17, 1944.

95 LEWIN, K. The solution of a chronic conflict in industry. *Proceedings of 2nd Brief Psychotherapy Council*. Chicago, Inst. for Psychoanalysis, 1944. Repr. in: LEWIN, K. *Resolving social conflicts*, p. 125-141, 1948.

96 LEWIN, K. Studies in topological and vector psychology. III: Constructs in psychology and psychological ecology. *Univ. Iowa Stud. Child Welf.*, n. 20, 1944. Repr. in: LEWIN, K. *Field theory in social science*, p. 30-42, 1951.

97 LEWIN, K. et al. *Authorith and frustration*. Iowa City: [s.e.], 1944.

98 LEWIN, K.; DEMBO, T.; FESTINGER, L. & SEARS, P.S. Level of aspiration. In: HUNT, J.M. (org.). *Personality and behavior disorders*. Nova York: Ronald Press, 1944.

99 LEWIN, K. Reserve program of group dynamics – The Research Center for Group Dynamics at Massachusetts Institute of Technology. *Sociometry*, VIII, n. 2, p. 126-136, 1945.

100 LEWIN, K. & GRABBE, P. Conduct, knowledge and acceptance of new values. *J. Soc. Issues*, 1, p. 53-63, 1945. Repr. in: LEWIN, K. *Resolving social conflicts*, p. 56-68, 1948.

101 LEWIN, K. & GRABBE, P. Problems of re-education. *J. Soc. Issues*, I, n. 3, ago./1945.

102 LEWIN, K. Behavior and development as a function of the total situation. In: CARMICHAEL (org.). *Manual of child psychology*. Nova York: [s.e.], 1946. Repr. in: LEWIN, K. *Field theory in Social Science*, p. 238-304, 1951.

103 LEWIN, K. Action research and minority problems. *Soc. Issues*, II, p. 34-46, 1946. Repr. in: LEWIN, K. *Resolving social conflicts*, p. 201-216, 1948.

104 LEWIN, K. Research on minority problems. *The Technol. Rev.*, 48, n. 3, jan./1946.

105 LEWIN, K. Group decision and social change. In: NEWCOMB, T.M. & HARTLEY, E.L. (orgs.). *Readings in social psychology*. Nova York: Holt, 1947.

106 LEWIN, K. Frontiers in group dynamics. *Human Rel.*, vol. 1, 1-44, n. 2, 1-11, 1947. Repr. in: LEWIN, K. *Field theory in Social Science*, 188-237, 1951.

107 LEWIN, K. et al. Experimental studies of frustration in young children. In: NEWCOMB, T.M. & HARTLEY, E.L. (orgs.). *Readings in social psychology*, 283-290, 1947.

108 LEWIN, K. *Resolving social conflicts*. Nova York: Harper & Brothers, 1948.

109 LEWIN, K. Cassirer's philosophy of science and the Social Sciences. In: SCHILPP (org.). *The philosophy of E. Cassirer*. [s.l.]: Library of Living Philosophers, 1949.

110 LEWIN, K. *Psychological problems in Jewish education*. Published by the Jewish Education Committee, 1949.

111 LEWIN, K. *Field theory in social science*: selected theorical papers. Nova York: Harper & Brothers, XX, 346, n. 5. Rev. in: PRICE, D.O. *Amer. Soc. Rev.*, 16, n. 3, 404-405, 1951.

112 LEWIN, K. *Psychologie dynamic*. Paris: Presses Universitaires de France, 1964.

113 LINDZEY, G. (org.). *Handbook of social psychology*. Cambridge, Addison-Wesley Press, 1954.

114 LIPPITT, R. Kurt Lewin 1890-1947: adventures in the explorations of interdependance. *Sociometry*, 10, p. 87-97, 1947.

115 MAIER, N.R.F. *Problems-solving discussions and conferences*: leadership methods and skills. Toronto: McGraw Hill, 1963.

116 MAISONNEUVE, J. *Psycho-sociologie des affinités*. Paris: Presses Universitaires de France, 1966.

117 MARGINEANU, N. Professor Lewin's conception of laws. *J. Gen. Psychol.*, 12, 397-415, 1935.

118 MORENO, J.L. *Les fondements de la sociométrie*. Paris: Presses Universitaires de France, 1954.

119 MORENO, J.L. *Psychothérapie de groupe et psychodrame*. Paris: Presses Universitaires de France, 1965.

120 OLMSTED, M.S. *The small group*. Nova York: Random House, 1959.

121 PAGES, M. L'Orientation non-directive en psychothérapie et en psychologie social. Paris: Dunod, 1965.

122 PALMADE, G. L'unité des sciences humaines. Paris: Dunod, 1961.

123 PALMADE, G. L'économique et les sciences humaines. Paris: Dunod, 1967.

124 PARSONS, T. Structure and process in modern societies. Glencoe, Ill.: Free Press, 1960.

125 PEABODY, R.L. Organizational autority. Nova York: Atherton Press, 1954.

126 PERETTI, A. Liberté et relations humaines ou l'inspirations non-directive. Paris: De l'Epi, 1966.

127 PETRULLO, L. & BASS, B.M. Leadership and interpersonal behavior. Nova York: Holt, Rinehardt and Winston, 1961.

128 ROCHEBLAVE-SPENLE, A.-M. La notion de rôle en psychologie sociale. Paris: Presses Universitaires de France, 1962.

129 ROCHEBLAVE-SPENLE, A.-M. Les rôles masculins et féminins. Paris: Presses Universitaires de France, 1964.

130 ROKEACH, M. Authority, authoritarianism and conformity. In: BERG, E.A. & BASS, B.M. (orgs.). Conformity and deviation. Nova York: Harper & Brothers, 1961.

131 ROKEACH, M. In pursuit of the creative process. Relatório mimeografado, 1963.

132 ROTTER, J.B. Level of aspirations as a method of studying personality — I: A critical review of methodology; II: Development and evaluation of a controlled method. Psychol. Rev., 49, 463-474; J. exp. Psychol., 31, p. 410-422, 1942.

133 ROTTER, J.B. *Level of aspiration as a controlled method of personality study using selected groups*. Não publicado, de Lewin, 1944.

134 SANFORD, F.H. *Authoritarianism and leadership*. Filadélfia: Institute for research in human relations, 1950.

135 SAUVY, A. *Mythologie de notre temps*. Paris: Payot, 1965.

136 SCHEIN, E.H. & BENNIS, W.G. *Personal and organizational change through group methods*. Nova York: John Wiley & Sons, 1965.

137 SCHUTZ, W.C. *Firo, a three dimensional theory of interpersonal behavior*. Nova York: Holt, Rinehart & Co.

138 SCHUTZENBERGER, A.A. *Précis de psychodrame*. Paris: Editions Universitaires, 1966.

139 SEARS, R.R. A dynamic theory. *Psychol. Bull.*, 33, p. 548-552, 1936.

140 SHEPHERD, C.R. *Small groups*. São Francisco: Chandler Publish, 1964.

141 SHERIF, M. (org.). *Intergroup relations and leadership*. Nova York: John Wiley & Sons, 1962.

142 SHILS, E. The Study of the primary group. In: LERNER, D. & LASSWELL, H.D. (orgs.). *The policy sciences*: recent developments in scrope and method. Stanford: Stanford University Press, 1951.

143 SMELSER, N.J. *Theory of collective behavior*. Nova York: Free Press, 1963.

144 STODGILL, R.M. Commandement, appartenance au groupe et organization. In: BROWNE, C.G. & COHN, T.S. (orgs.). *Chefs et meneurs*. Paris: Presses Universitaires de France, 1963.

145 THURSTONE, L.L. Critique des conceptions méthodologiques de Lewin por Thurstone. *The vectors of the mind*, p. 44ss., 1935.

146 TOLMAN, E.C. Kurt Lewin (1890-1947). *Psychol. Rev.*, 55, 1-2, 1948.

147 VINACKE, W.E.; WILSON, W.R. & MEREDITH, G.M. *Dimensions of social psychology*. Chicago, Scott, Foresman & Co., 1964.

148 WHYTE, W.F. Leadership and group participation. Bull. 24, *New York State Sch. of Indus. and Labor Relat*. Nova York: Cornell University, 1953.

Índice dos autores, dos assuntos e das obras citadas*

*Ação social 26, 74, 76
   cf. tb. Pesquisa-ação
Aceitação incondicional 168
   de si 136, 145-147, 208
   do outro 145-147, 208
*Adaptação social 41, 68
Alergia crônica ao outro 109
Alienação 103, 194s.
Allport, G.W. 14, 23
Alocentrismo 134, 147s., 152
Aloempatia, cf. Empatia
Altruísmo 111, 128, 141, 207s.
   Altruístas 85, 103
Ancelin-Schutzenberger, A. 117
Angústias coletivas 192-196, 198, 200s., 204s.
Antissemitismo 38s., 41
Antropologia cultural 24s., 28s., 71, 102, 192
Aprendizagem 14, 89, 127s.
   ateliê de, em dinâmica de grupo 115, 126
   clima de 113, 120, 149-152

---

* As palavras precedidas de asterisco pertencem especialmente ao vocabulário de Kurt Lewin.

   psicologia da 60
   transferência da 123s., 128-130, 133
Aqui e agora 114, 117, 123, 153
   cf. tb. Vivido
Ardoino, J. 117
Argyris, C. 169, 186, 188
Atitudes 83s.
   abdicadoras 84s.
   adolescentes 53, 83, 85
   autocratas 84
   coletivas 53, 59-64, 68, 70-73, 75s., 195
   de dependência 83, 190
   defensivas em relação ao outro 141, 189
   de interdependência 83
   democratas 84
   infantis 84s.
   não diretivas 124, 152, 185, 187
   pessoais 63s., 153
   sociais 58-61, 69
*Átomos sociais radioativos 59, 71
Autenticidade 17, 139, 152-154, 193
   aprendizagem da 78-80, 111, 116, 118, 127, 134, 138s., 141s.
   etapas da aprendizagem da 134s.
   experiência da 133
   interpessoal 113, 123, 129, 132, 137, 139, 145s.
   intrapessoal 136
Autoaprendizagem 149s.
Autoavaliação 80
   sessões de 114, 116, 126
Autocrata 104s.
   autocratismo 205
   cf. tb. Atitudes, Autoridade, Grupo

Autoempatia, cf. Empatia
Autoridade
   autocrática 93, 156, 162
   conflito com a 119
   democrática 96, 156
   estilos da 74, 109
   exercício da 32, 78, 94-96, 135s., 160-163, 169, 173, 176
   identificação com a 165
   origem da 160
   cf. tb. *Leadership*
Autoritário 110s.
Autoritarismo 132, 187

*Basic Skills Training Group (BSTG) 116
Bass, B.M. 186
Bavelas, A. 87, 94-96
Behavioristas 22, 64
Benne, K.D. 115, 117
Bennis, W.G. 117
Bethel 115-117
Bion, W.R. 117, 161, 169
Bloqueio 80, 86, 101s., 119, 123, 144, 174, 185
   em uma fase 178
   fonte dos 101, 105, 107
   permanentes 100
   provisórios 99
bodes expiatórios 38, 47, 108, 197
Bradford, L.P. 115, 117
Bringing up the Jewish child 36, 39
Buber, M. 147, 208

Camadas nos grupos minoritários 48-52
Campo
  *dinâmico 63, 72
  de forças 40, 50, 69
  de forças centrífugas 50
  de forças centrípetas 49
  psicológico 27
  *social 64, 66-68

Camuflagem 98

Canais de comunicação 92s.
  clandestinos 93
  espontâneos 93
  formais 92s., 189

CARTWRIGHT 14

*Célula social bruta 58

Chauvinismo
  negativo 50
  positivo 50

Choque emotivo 203

Clima, cf. Aprendizagem, Democracia, Grupo, Trabalho

Clínica de boatos 125s.

Código 96, 98s., 102, 104, 173

Coesão
  grau de 30, 45, 49, 80, 144, 174, 208
  ótima 174s.

Competência
  interpessoal 188s., 191
  dos membros de um grupo 81, 84, 161, 163
  profissional 90, 150

Complementaridade 94, 153, 185, 208
  leis da 172-174, 176

Comportamentos
  coletivos 21s.
  de grupo 24, 29s., 60-63, 70, 72s., 75s., 194

    de massa   199
    determinantes socioculturais dos, de grupo   24
    em grupo   21, 24, 29, 69, 128, 130
      cf. tb. Condutas sociais
    interpessoais   81, 194
    *vetores de   63
Compulsão à repetição espacial   202
COMTE, A.   18s.
Comunicação humana
    abertas   80, 95s., 112, 120, 174, 187s., 208
    aberturas das   109
    autenticidade das   86, 88, 91, 93, 107, 138, 142
    alocêntricas   91
    canais de, cf. esta palavra
    componentes da   97s.
    congruente   139
    consumatória   90s.
    descoberta de Lewin sobre a   16, 78s.
    falsa   141
    instrumental   91
    intergrupais   90s., 126
    interpessoais   114, 126
    intragrupo   90s., 114, 207
    leis da   112
    mídia de 42s., 97
    não verbais   88s., 103
    natureza da   84s., 87
    perturbações na   99-102, 106s., 132, 135, 184s.
      cf. tb. Bloqueio e Filtragem
    pessoais   89
    profissionais   90
    redes de, cf. esta palavra
    válidas   80, 173s., 208
    verbais   88s., 103

Condutas sociais 21s., 25, 29
  componentes inconscientes das 24
Condutor
  de multidões 23
  ideal (o teste do) 131
  cf. tb. Líder
Conformidade social 110
Conformismo 107, 132, 136, 187
  conformista 71-73, 110
  não conformista 71-73
Congruência 142
  presença congruente 139, 190
Consonância 139, 142
  presença consonante 139, 190
*Constância social 72
Consulta em díade 126
Contágio social 108, 182, 201s.
Contaminação social 108, 201
Contato psicológico 87, 91, 100, 104
Controle, cf. Necessidade de controle
*Controle social 71, 75
Criatividade 17, 78, 80s., 86, 96, 112, 144, 165, 169, 185-187, 208
Cultural Reconstruction 46
Culturalismo 25

Débeis sociais 109
Decisão (tomada de) 82, 158, 184
Delírio de grandeza 163
Democracia
  clima democrático 107
  cf. tb. Atitude, Grupo, Líder

Destaque de uma mensagem 98
Determinantes socioculturais
  cf. Comportamentos de grupo
Devir
  concepção hegeliana do 55s.
  das realidades sociais 57
  social 61
DEWEY, J. 21s.
Diagnóstico
  grupo de 118
    cf. tb. Formação, grupo de
  sessões de 114
Dinâmica
  campo, cf. esta palavra
  estágios de formação em, de grupo 125, 133, 150
  *de grupo 13-15, 26, 34, 46, 49, 61, 76, 92
    de grupo (significação atual do termo) 30s., 84, 89, 150s., 156
  dos fatos 69s.
  *hipóteses sobre a, de grupo 67, 72
  sessões em grupo, cf. Bethel
  dos valores 70
Distâncias
  físicas 92, 96
  psicológicas 92, 105
  sociais 65, 105-107, 207
Dogmatismo 28, 128, 187
  ausência de 187-189
  escala de 132
DURKHEIM, É. 19s., 25
  A Dynamic Theory of Personality 13
  *"One dynamic Field" 40

Egocentrismo 104, 134, 145
Egoísmo 20
   O *egoísmo* 25
Emissor, cf. Mensagem
Empatia 142, 146, 162, 175, 180
   *aloempatia 143-146, 162, 190
   *autoempatia 143, 145s., 162, 190
   capacidade de 92
   grau de 133
Espaço
   de movimento livre 40, 102
   físico 69
   psicossocial 61
   vital 66-69, 102
*Esquemas galileanos de interpretação 62s.
Estratificação social 93, 183, 206
Estruturas
   de poder 165, 169, 181
   de trabalho 165, 167, 169, 181
   esclerose das, sociais 110
Eu
   atual 135
   autêntico 135s., 138, 142s.
   ideal 135
   *íntimo 65, 88, 140
   Profundo 128, 135s., 141
   *público 65
   *social 65, 130
   tendências do 70
Experiência
   científica 159
   do nada 195, 203
   em grupo 119, 150

Experimentação 26, 46, 54, 58, 60, 74-76, 155
   cf. tb. Pesquisa-ação
Experimentador 72, 74s.
   cf. tb. Pesquisador
Expressão
   corporal de si 88
   da agressividade 157
   grau da, de si 133
   liberdade de 105, 122, 139, 208
   de si 63, 86s., 89, 91, 122, 134, 138s., 144, 146, 206

FAUCHEUX, M. e C. 15
FESTINGER, L. 186
Field Theory in social Science 15
Filtragem 86, 102, 105, 119, 123, 144, 174, 185
   fontes das 80, 101, 104s.
   permanentes 105
   provisórias 99
Fobia do outro 110, 137
Formação
      autoformação 149
grupo de formação 31, 118-121, 125, 128, 133, 149
   estruturas extrínsecas do 120
   monitor do 150
      cf. tb. Profissionais, responsáveis de grupo
   objetivos do 119
   papel de agente de 123s., 152
   reacional, cf. Mecanismo de
FRENCH, J.R.P. 161
FREUD, S. 16, 23, 25, 43
Frustração 45, 47, 51, 68
   individual 14

limite de tolerância à 108, 174, 194
social 108s.

Gestaltista, concepções gestaltistas de Lewin 57-61, 63, 66s., 73-75, 78
GIBB, J.R. 117
GORDON, T. 117, 131, 186s.
The Group Mind 21s.
Grupo
  autocrático 95s., 105
  centrado sobre o 31, 118, 155
  clima de
    e comunicações 86, 96, 120, 134, 137, 144
    fator de mudança social 72s.
    e integração de grupo 170-174, 180
    tipo de clima de grupo 157
  conformista 72s.
  de diagnóstico, cf. esta palavra e Grupo de formação
  de discussão 116, 121, 126-129
  de formação, cf. esta palavra e Training-group
  democrático 94, 96
  de trabalho 94, 155s., 162
  cf. tb. Tarefa.
  étnico 33, 44s., 50
  heterogêneo 165, 171, 208
  homogêneo 165, 207
  macrogrupos 31, 46
  mecanismos de defesa do 172, 195
  microgrupos 26, 31, 46
  minoritários
    cf. tb. Minoria
  não conformista 72s.
  pequenos grupos 27, 31, 57, 67, 156
  pequenos grupos, testemunhas 59, 71, 75
  psicogrupos, cf. esta palavra

restritos 46, 155, 208
sociogrupos, cf. esta palavra
subgrupos 66, 164, 171, 206
   de tarefa, cf. esta palavra
   enquanto totalidade dinâmica 64
training-group, cf. esta palavra

HEIDER, F. 169
Herói 204
Histeria coletiva 199
HOLT, H. 22
O homem e as sociedades 20
Hostilidade autista 104

Identificação, fase de 171
Ilha cultural 42, 125
Imagem
   de grupo 144s., 194
   de si 135s., 141, 143
Inaptos, cf. Grupo de trabalho
Inclusão, cf. Necessidade
Instintos
   de conservação 199, 203
   de imitação das massas 20
   de invenção das elites 20
   de simpatia 111
   primários de vida e de morte 49
   psíquicos primitivos 20
   sociais 21
Integração de grupo 67, 86, 95, 112, 144s., 180s., 208
   critérios de um grupo de trabalho 173-175
   desintegração de um grupo 67, 204
   de trabalho 80, 94-96, 161s., 164s., 168s., 187s.

fases de, de trabalho 169-171
  grau de 50, 81, 202
  leis fundamentais da, de trabalho 172
  minoritário 51-53
Interações sociais 166, 182s.
Interdependência
  dos membros de um grupo 41, 73, 176, 190
  cf. tb. Minoria

JASPERS, K. 56
Jogo da troca de papéis 60, 114, 116, 123, 126

Leadership
  crises do 202-204
  estilos do
    funcional 132, 156, 162s., 178-180, 183s., 186
    partilhado 187
    psicologia do 23, 126
  cf. tb. Autoridade, exercício da; Líder autoritário, democrático, carismático, *laissez-faire*.
LE BON, G. 20, 22, 25
LE DANTEC, F. 20, 25
LESSING 42s.
LEVISOHN, L. 42s.
LEWIN (senhora G.) 15
Liberdade
  clima de 121, 135, 148
  de expressão 121s., 139, 148
  medo da 109
  privação da 109
Líder 25, 30, 189
  autoritário 96, 157, 166, 179, 184, 207
  catalisador 94, 176, 184, 188

    carismático   23, 198, 204
    competência do   188s., 191
    coordenador   94, 176, 179, 183, 188
    democrático   94, 157, 166s.
    funcional, cf. *Leadership*
    ideal   131s., 186
    laissez-faire   94, 157, 166
    nato   192
    oficial   49, 202
    papel do
      na integração do grupo   168, 170-173, 176, 179
      na participação na tarefa   176s.
      nos momentos de crise   202
    passivo   95, 166, 179
    real   203
LIPITT, R.   115, 157, 166

MacDOUGAL, W.   21s., 25
Magia de desculpação do ato iniciador   202
Maiorias   34s., 38, 47, 51-53, 55
    demográficas   35
    psicológicas   34s.
Mal-estar na civilização   23
Massa   20, 38, 65
    instintos de imitação das massas   20
Maturidade social   22
MAYO, E.   157
Mecanismo de defesa
    das maiorias   47
    das minorias   41-43, 52s.
    de grupo   172, 195, 203, 207
    dos indivíduos em grupo   85, 108, 153, 162s.

Medo do outro 110s., 137, 189
  da liberdade 109
  de si 111, 189
  paroxismos do, em um grupo 200
Meios de comunicação 92-94, 96s.
Membership 167
Membros de um grupo
  Influentes 179
  interdependência dos, cf. esta palavra
  isolados 67, 82, 144, 182
  marginais 48, 95
  minoritários 174
Participações, cf. Grupos, pequenos grupos, testemunhas
  personalidade dos 160
  preferidos 82, 145, 181
  rejeitados 67, 82, 84, 145, 182
Mensagem 92, 96, 98, 101s., 105
  afetiva 97s.
  camuflagem da 98s.
  emissor da 96, 98, 101, 139
  ideacional 97
  negativa 103, 148
  positiva 103
  receptor da 97-99, 102s., 139
  vital 98
Minoria 34-36
  como constituída 50s.
  constituinte das 48
  demográficas 34s.
  devir das 34
  discriminada 35, 37, 44s., 54s.
  fator constitutivo das 51
  interdependência da sorte dos membros de uma 41, 45, 51, 53s.
  judaicas 33, 35s., 46

    núcleo dinâmico das 49-51
    origem das 47
    privilegiadas 35, 38
    psicológicas 34, 46, 54
Minoritário
    educação do jovem 40s., 67
    cf. tb. Grupo, Membro
Monitor ideal (o teste do)
    cf. tb. Líder.
MORENO, J.L. 16, 60
Mudança (leis dinâmicas da) 113
*Mudança social 68, 71-73, 75
    atitude em relação à 132
    condições da 73
    inclinação para a 73
    resistência à 71-73

Não diretivos, cf. Atitudes
Necessidades
    de afeição 84-86, 180
    de controle 82, 86, 180
    de inclusão 82, 86, 180
    de segurança 170
    de solidariedade 180, 185
    físicas 67
    fundamentais 81, 170
    interpessoais 81s., 86, 180s., 183
    pessoais 167
Necrose social 72, 156
    coletivas 205
Need for Social Psychology 21
Neurose 43, 45, 194-196
    neurótico 109

Objetivação
   de si   133, 135s., 138, 146
   do outro   138, 143

Ódio de si   42-45

Ódio de si entre os judeus   42

Operacionismo   55

Observador
   Animador   116
   Participante   57, 114, 145
   cf. tb. Pesquisador

PAGES, M.   117

Papéis
   conflitos de   124
   de agente de formação   152
   de catalisador   122, 124
   de consciência do grupo   122
   de iniciadores   124
   de memória do grupo   122, 124
   de opositor   167
   de retardatário crônico   167
   de solidariedade   168, 171
   de tarefa, cf. esta tarefa
   exibicionista   167
   funcionais   171
   individuais   167
   jogo da troca de, cf. esta palavra
   não diretivos, cf. Atitudes
   Paranoicos   195, 198
   traços paranoicos   163

Participação
   desviante   178s.
   marginal   181s.

modal 181s.
  móvel 181s.
Participante, cf. Observador
Passagem ao ato de um grupo 202, 204
Percepções
  da situação social 63, 71s., 152, 181s.
  de grupo 73, 75s.
  de si 100, 134s., 154, 181, 187
  do outro 100, 106, 128s., 134, 136s., 154, 187
  seletivas 102, 153
  subjetivas 104, 181
PERETTI, A. 117
Perseguição
  delírio de 197
  dos judeus 36
  loucura da 198
  mania de 163
  Perseguidor-perseguido 198
Personalidade 44, 89, 108, 160
  Autoritária 105, 110s.
  *estrutura da 65s.
  perfil social da 130
  psicologia da 57, 61
Pertencimento ao grupo 29, 40, 106, 175
Pesquisa 56, 74
  de campo 27, 55-57, 71
  em laboratório 25, 27, 55s., 58, 71, 76
*Pesquisa-ação 27, 74, 76, 112, 158
Pesquisa-ação 74
Pesquisador 56-59, 66, 76
  coeficiente pessoal do 159s., 168
Pragmatismo 55

Preconceitos   105, 107-109, 136, 200
  libertação dos   137-139, 141
Pressões   61
  do grupo   69
  para a uniformidade e a conformidade   148s., 165, 180, 182, 191, 206
  sociais   110
  socioculturais   24
Principles of topological psychology   13
Problemas, solução de, cf. Grupo de tarefa
Profissionais responsáveis pelos grupos de formação   134
  atitudes pedagógicas dos   152-154
  competência dos   150
  papéis dos   121-123
  tolerantes   124, 137
Psicanalistas   72s.
Psicodrama   60
*Psicogrupo   31
Psicologia
  coletiva   21, 30
  da criança   39
  das minorias   33, 46
  individual   14, 19-21, 57, 61s.
  sociais, antes de Lewin   18-26
Psicologia coletiva e análise do eu   23
Psicologia das multidões (A)   20
Psicologia dinâmica   15
Psicologia do comportamento e das emoções (A)   11
Psicopatologia   42, 45
  coletiva   192, 197s.
  individual   196
  social   196s.

Psicose 194s.
  de massa 197, 199
Psychologie dynamique 15
Psycho-sociological problem of a minority group 35

Redes de comunicação 66, 93, 104, 173s., 190
  horizontais 94
  verticais 95
Regressão
  coletiva 203
  de grupo 67
  individual 14, 104, 108
  leis da, de grupo 199s.
Relações
  de dependência 122
  hiperpessoais 85
  hipopessoais 85
  intergrupal 17, 132, 137, 192
  interpessoais 80s., 83, 86, 89, 95, 102, 112, 114, 131, 140
    autênticas 31, 117, 123, 128s., 144, 146, 190
    falsas 80, 104
    sensibilização às 119, 144, 150-152, 208
  intragrupo 17
RGST teste das reações às situações de grupo 131
Representações coletivas 19, 70
Resistência às mudanças, cf. Mudança
Resolving social conflicts 17, 74
ROGERS, C. 131, 147
ROKEACH, M. 132, 186
Ruídos 99

SCHEIN, E.H. 117
SCHUTS, W.C. 81, 83, 86

Self-Hatred among Jews 36, 42

Simpatia 142, 146, 200

Situação social 45, 56, 58, 69s., 73-75
   diagnóstico da 56
   dinâmica da 62-64, 69, 76
   esquemas afetivos de adaptação à 63

*Skill Group 116s., 124

Socialização 22, 40
   estágios de 108, 129
   nível de 29, 82s., 108, 111, 128, 162
   processo de 19, 59, 193

Sociatria 60

Sociodrama 60, 126

Sociograma 126, 133

*Sociogrupo 31

Sociologia 18s., 28s., 69-71

Sociometria 60
   status sociométrico 133

Superego
   coletivo 195
   tendências do 70

Tabus 40, 89, 101

TARDE, G. 19, 22, 25

Tarefa(s)
   atitude em relação à 161
   distribuição das 168s.
   eficácia no nível da 183s.
   execução da 171, 173, 177, 179
   grupo de tarefas 31, 121, 159, 186
      composição do 165
      comunicação no 95s., 104, 114

    estrutura do 163
    integração no 80s., 94, 96, 169s., 175
    organização do 164s.
    rendimento do 81
    solução de problemas no 126s., 176-179
    tamanho do 163s.
  natureza da 160, 170
  papel da 168

Testes 130-133

TOLMAN, E.C. 11

*Totalidade dinâmica 50, 58, 64, 66, 69, 192

Totem e tabu 23

Training Group 116-121, 124

Transferência de aprendizagem 123s., 128, 130, 133

Transmissão seletiva 105

Transparência 133, 138s., 141s., 145

Trabalho
  clima de, de grupo 130, 162, 178, 183, 185, 190
  inaptos ao 162
  grupo de, cf. Tarefa

Universo social 68, 70

Vetores do comportamento 63

Vivido, referência ao 123, 125, 153s.
  cf. tb. Aqui e agora

When Facing Danger 36

WHITE, R.K. 157, 166

Índice geral

Sumário, 7

Introdução, 9

I. A obra e o homem, 11

II. Uma etapa decisiva para a psicologia social, 18
    Precursores, 18
    Pioneiros e fundadores, 20
    Reducionistas e anexionistas, 22
    Kurt Lewin, 25
    Contemporâneos, 27

III. As minorias psicológicas, 33
    Demografia e psicologia, 34
    As minorias judaicas, 35
    Minorias e minoritários, 46

IV. Da pesquisa-ação à dinâmica dos grupos, 54
    Pesquisa em laboratório e pesquisa de campo, 54
    Opções metodológicas, 57
    Atitudes coletivas, 59
    Campo social, 64
    Resistências emotivas à mudança social, 68
    Experimentação e ação social, 74

V. Comunicação humana e relações interpessoais, 77
   Uma intuição de gênio, 78
   Necessidades interpessoais, 81
   Expressão de si e trocas com o outro, 86
   Vias de acesso ao outro, 92
   Relações igualitárias e relações hierarquizadas, 93
   Componentes essenciais, 96
   Bloqueios, filtragens e ruídos, 99
   Perturbações e distorções provisórias, 101
   Distâncias sociais e barreiras psicológicas, 105

VI. A aprendizagem da autenticidade, 112
   Primeiros centros de aprendizagem, 113
   Esquemas de aprendizagem, 117
   Instrumentos e transferências de aprendizagem, 123
      a) O RGST, 131
      b) O condutor ideal, 131
      c) Escala de dogmatismo, 132
      d) O sociograma, 133
   Patamares de aprendizagem, 133
      a) As fronteiras, 140
      b) O eu íntimo, 140
   Climas de aprendizagem, 149
      a) Ser não diretivo, 152
      b) Os recursos do grupo, 153
      c) O vivido aqui e agora, 153

VII. Autoridade e tarefas nos pequenos grupos, 155
   Primeiros dados experimentais, 157

Variáveis e constantes, 158
Autoridade e estruturas do grupo de trabalho, 163
   1) Tamanho de um grupo de trabalho, 163
   2) Composição de um grupo de trabalho, 164
   3) Estruturas de poder e estruturas de trabalho, 165
Autoridade e gênese do grupo de trabalho, 169
   1) Fases de integração, 169
   2) Leis de integração, 172
   3) Critérios de integração, 173
Autoridade e dinâmica do grupo de trabalho, 175
   1) Processos de solução de problemas em grupo, 176
   2) Exigências da tarefa e necessidades interpessoais, 180
   3) Critérios de eficácia no nível da tarefa, 183
Aptidões e atitudes fundamentais, 186
   1) Ausência de dogmatismo, 187
   2) Competência interpessoal, 188

VIII. Do coletivo ao social, 192

Angústias coletivas e alienação mental, 194

Psicose de massa e despersonalização, 196

Regressões de grupo, contágio social, leadership carismático, 198

Socialização do homo eletronicus, 205

Referências, 209

Índice dos autores, dos assuntos e das obras citadas, 223

Conecte-se conosco:

 facebook.com/editoravozes

 @editoravozes

 @editora_vozes

 youtube.com/editoravozes

 +55 24 2233-9033

www.vozes.com.br

Conheça nossas lojas:

www.livrariavozes.com.br

Belo Horizonte – Brasília – Campinas – Cuiabá – Curitiba
Fortaleza – Juiz de Fora – Petrópolis – Recife – São Paulo

EDITORA VOZES LTDA.
Rua Frei Luís, 100 – Centro – Cep 25689-900 – Petrópolis, RJ
Tel.: (24) 2233-9000 – E-mail: vendas@vozes.com.br